Du royaume du fric
au Royaume des Cieux

Ouvrage réalisé sous la direction éditoriale
d'Alain Noël et de Thierry Paillard
avec la collaboration de Bruno Bouvet

Si vous souhaitez être tenu(e)
au courant de nos publications,
envoyez vos nom et adresse, en citant ce livre,
aux Éditions des Presses de la Renaissance,
12, avenue d'Italie, 75013 Paris.
Et, pour le Canada,
à Vivendi Universal Publishing Services Canada Inc.,
1050, bd René-Lévesque Est,
Bureau 100,
H2L 2L6 Montréal, Québec.

Consultez notre site Internet :
www.presses-renaissance.fr
ISBN 2.85616.871-X

Jérôme MULSANT

Du royaume du fric au Royaume des Cieux

PRESSES DE LA RENAISSANCE

À Celui qui seul peut faire
de ce livre ce qu'Il en veut.

« Nous sommes des serviteurs inutiles. »
Luc 17, 10.

Avertissement

Ce récit ne reflète que mes propres souvenirs et la façon dont j'ai vécu les événements qui y sont relatés. Je prie ceux que je pourrais involontairement blesser de bien vouloir me pardonner. Pour ne pas lier certaines personnes à ma vision des événements, j'ai modifié certains noms.

J. M.

Le pouvoir des non-dits

« Christophe est mort. » Quand maman m'annonce la nouvelle, ce matin de novembre 1978, je ne la comprends pas vraiment. Quelques jours plus tard, j'apprendrai que mon frère de vingt-deux ans a été retrouvé pendu dans le petit appartement où il vivait à Paris. Une semaine plus tôt, un autre de mes frères était passé lui rendre visite. Après avoir frappé sans obtenir de réponse, mais apercevant de la lumière sous la porte, il ne s'était pas inquiété. Mais lorsqu'il est revenu huit jours plus tard, le rai n'avait pas disparu. Alors, il a défoncé la porte et a constaté le décès de Christophe. Mort, décès… Dans mon esprit de gamin de douze ans, joyeux et plutôt insouciant, ces mots n'ont pas de réelle signification. Lorsque maman quitte la chambre, descendant l'escalier de notre maison, j'entends juste des cris accompagnés de sanglots bruyants. Mais je sens comme une terrible chape de plomb qui s'abat sur notre famille. Comme si une gangue de silence et de tristesse allait désormais emprisonner notre belle maison à l'ancienne, cette demeure cossue semblable à toutes les autres dans ce quartier résidentiel de l'ouest parisien. Située un peu en retrait de la rue, protégée par une grille en fer, elle ne se laisse pas apercevoir si facilement. Sur la façade, il ne manque pas une feuille aux branches de lierre qui grimpent le long du mur d'entrée. À l'intérieur, dans les grandes pièces où se mêlent des odeurs de cire et de léger renfermé, tout est ordonné, d'une impeccable propreté. Les meubles de style sont lustrés dans les moindres recoins ; dans la salle à manger où trône un buffet de belle facture, les porte-couteaux sont de sortie à tous les repas. Les déjeuners et les dîners obéissent à un protocole qui ne souffre pas la moindre entorse. « Il faut bien se tenir » : le mot d'ordre tient lieu de règle de vie. Peu importe ce qu'il peut se passer à l'abri des regards... Quelques années plus tard, j'ai appris qu'un jeune homme s'était également suicidé dans une maison voisine.

Quand nous sortons, tous ensemble, pour la messe du dimanche, avec mes six frères et sœurs, nous suscitons l'admiration des paroissiens. Mes parents ont toujours tenu à ce que notre présentation soit impeccable : je n'ai pas porté de baskets de toute ma jeunesse... Tous bien habillés dans nos beaux manteaux, peignés avec soin, souriants et polis, nous figurons la famille modèle. Chic et classique. Notre photo aurait parfaitement trouvé sa place dans les colonnes sur papier glacé de *Point de vue, images du monde*. C'est bien connu, les drames difficiles à porter au quotidien se cachent toujours derrière un apparat de circonstance. Pas de divorce, pas de délinquance... : aucun des maux de la société n'a franchi la porte de notre maison. Qui pourrait contester que nous sommes bien élevés ? Du point de vue de l'ordre social, de la foi et de la politesse, personne, effectivement...

Reste-t-il encore une place pour l'originalité, pour l'expression de la différence ? À vrai dire, il me semble que mon père ne comprend pas ces termes, qu'il reproduit l'éducation qu'il a reçue. Peut-être n'a-t-il pas suffisamment bénéficié de marques de tendresse, lui dont le père, polytechnicien, est mort alors qu'il n'était âgé que de sept ans ? Élevé chez les Jésuites, il fut envoyé très jeune en Autriche. Plus tard, l'armée — au sein de laquelle il accomplira de hauts faits durant la Seconde Guerre mondiale — lui fournira un modèle de relations humaines qu'il appliquera sans relâche. Mon père est un héros qui s'est forgé une armure à jamais. Je l'admire toujours. J'ai souvent eu du mal à le supporter. J'ai rêvé de pouvoir partager mes sentiments, mes peines, mes joies avec lui, mais nos rapports étaient fondés sur l'autorité. Sans doute n'a-t-il pas eu conscience de ce mode de fonctionnement rigide, et il ne s'en est jamais échappé. Il ne pouvait concevoir que son autorité fût remise en cause. Incapable de m'écouter, il opposait une violence terrible à toute résistance de ma part. Comme tout adolescent, mon frère s'y est essayé. Je n'ai pas beaucoup connu Christophe mais je me souviens de sa longue chevelure noire et de son visage d'ange brun qui le faisaient ressembler à Julien Clerc au début de sa carrière. Dans une famille où rien ne devait dépasser — encore moins une mèche de cheveux ! —, mon frère affichait une coiffure à la mode hippie, assortie d'une épaisse barbe, qui faisait horreur à mon père. L'affront était insupportable et il ne le tolérait pas. Souvent, le samedi après-midi, quand Christophe se plantait sur le perron de la maison où il était venu passer le week-end, son arrivée déclenchait un rugissement glacial. « Va te faire couper les cheveux ! » ordonnait mon père de cette voix terrible que j'ai entendue toute mon enfance et qui n'appelait aucune réponse, encore moins la contestation. L'admonestation, mille fois répétée, marquait le début de discussions fréquentes sur le thème des apparences et de la bonne conduite. Le combat reprenait à la moindre occasion. Avec une telle force que mon frère a fini par se lasser. Un jour, alors qu'il avait quitté le domicile familial, nous avons appris qu'il avait disparu pendant trois jours. Premier signal d'une crise ? Premier appel au secours ? Comment réagir ? Moi-même, je regrette encore de ne pas avoir pu lui parler, la dernière fois que nous nous sommes vus, au mariage de mon frère Dominique, trois semaines avant son suicide.

Aujourd'hui, je sais que mon frère était un garçon hypersensible, tout entier tourné vers les autres. Formé à l'école du scoutisme, il s'était engagé dans l'association Les Petits Frères des pauvres, au sein de laquelle il chantait et jouait de la guitare pour les personnes âgées dans les maisons de retraite. Seulement, sa sensibilité le rendait un peu plus fragile que les autres. En ce qui me concerne, je ne connais pas les raisons — les connaît-on jamais ? — qui l'ont poussé à commettre un tel acte.

Il y a des violences muettes et des mots qui font mal. Plus douloureuse encore est l'absence de certains mots. Des mots d'amour, des mots de tendresse, signes d'une complicité affectueuse. Ces choses-là ne se disent pas, monsieur, chantait Jacques Brel... Par pudeur ou par je ne sais quel ressort caché, l'éducation que j'ai reçue ne permet pas de manifester spontanément son amour. Dans ma famille, nous avions du mal à exprimer nos sentiments. Dans la lettre qu'il a laissée, Christophe a écrit qu'il n'en voulait à personne. Aujourd'hui, j'ai compris que les non-dits empêchent de grandir, privant de ce dialogue qui est nécessaire à l'épanouissement. Qui pouvait songer un seul instant que Christophe était malheureux ? Il aurait simplement suffi de plonger dans son regard pour apercevoir cette lueur d'infinie tristesse qui ne trompait pas sur son profond désespoir. Quand je feuillette de vieux albums photos, je m'arrête sur les derniers clichés, pris quelques mois avant sa mort : son regard, vague et perdu dans le vide, dit que mon frère est déjà ailleurs.

C'est pour lui que j'écris ce livre. Pour tous ceux qui n'arrivent pas à trouver leur voie, pour tous ceux qui sont tentés par l'idée du suicide. Cette idée, je ne la supporte plus. Elle signe un terrible échec, elle marque l'absence d'espoir. D'expérience, je sais combien le mal de vivre peut vous envahir quand vous n'avez pas le sentiment de trouver un sens à votre vie. Dieu me l'a donné. Il m'a montré le chemin qui m'a écarté de la route que j'avais suivie jusque-là.

Je me suis révolté contre mon père. Pour trouver l'oxygène qui me manquait dans l'ambiance oppressante de la maison, j'ai fait le mur. Au propre comme au figuré. Ce que je ne trouvais pas chez moi, je suis allé le chercher ailleurs. Par tous les moyens. Cette quête effrénée m'a conduit sur des chemins qui n'ont pas grand-chose à voir avec mes activités actuelles. J'ai menti, j'ai volé, j'ai voulu séduire et posséder sexuellement le maximum de femmes, au point que ce désir irrépressible a nourri en moi tous les fantasmes. J'ai acheté des revues pornos. J'ai rêvé sincèrement d'être une star de films X...

Pourquoi le raconter ? « Cela ne se fait pas », diront certains... Ils auraient raison si j'étalais ma vie pour assouvir un plaisir gratuit de voyeurisme. Sans oser l'avouer, on me reprochera de briser cette loi du silence qui gouverne trop de rapports dans les familles et contient en elle-même tant de souffrances cachées qui blessent et empêchent de vivre. Combien d'adultes mènent une existence bancale, remplie d'aigreurs et de frustrations, parce qu'ils n'ont pas levé les blocages issus de l'enfance et de l'éducation ?

Je veux d'abord raconter un parcours, sans m'exonérer de mes responsabilités. Il m'est arrivé de prendre plaisir aux bêtises que j'ai accumulées tout au long de ma jeunesse. Mes exploits en tout genre flattaient aussi ma fierté et renforçaient le sentiment que je n'avais de comptes à rendre à personne. Je sais pertinemment que mon insolence en a agacé plus d'un, dans ma famille. Quand les paroissiens de la ville, dont les cheveux ont blanchi, apprennent qu'un certain Jérôme Mulsant a fondé l'Organisation de financement pour les projets d'évangélisation (OFPE), leur surprise est totale. Il y a forcément méprise sur la personne ! Comment le sale gamin qui a fait les quatre cents coups — et même un peu plus — peut-il être celui qui frappe à la porte des grandes entreprises afin qu'elles donnent un peu de leur argent pour la cause de Dieu ? A-t-il pu changer au point d'abandonner sa situation confortable de chef régional des ventes dans une grande firme pour une vie beaucoup plus précaire ?

Je les rassure : au fond, je n'ai pas vraiment changé. Simplement, j'ai accompli un chemin, humain et spirituel, au terme duquel j'ai retrouvé le gamin que j'étais. Plein d'énergie, enthousiaste devant la vie, animé d'un idéal, mais aussi impatient, impulsif, et tellement soucieux de partager mes convictions que j'ai une certaine propension à donner des leçons…

Il m'a fallu traverser des épreuves, surmonter des écueils, comprendre l'extraordinaire besoin de reconnaissance que j'avais besoin d'assouvir, évaluer mes défauts et mes points faibles. Suis-je donc transformé au point de me donner en exemple, à trente-six ans ? Il me suffit d'analyser mon comportement à l'égard de mes quatre enfants, en particulier de Jérémy, mon fils aîné de quatorze ans, pour comprendre que rien n'est acquis. Encore moins définitif. Dieu sait combien je suis fier d'eux et, pourtant, je me surprends à leur intimer des ordres, à leur opposer des interdits plus que de raison. En un mot, à ne pas leur accorder cette confiance que j'ai moi-même désirée. Quand je hausse le ton, je crois entendre mon père. Je n'ai pas envie de mentir par omission, de taire quelques-uns des épisodes de ma vie pour donner de moi une image idéalisée. Je veux que mes enfants, Jérémy, Quentin, Charlotte et Côme, notre petit dernier de cinq ans, sachent qui est leur père. Je veux qu'ils comprennent que la vie forme un parcours dont les étapes ne sont pas linéaires. Mon engagement dans la Fraternité des missionnaires de l'amour de Jésus et dans l'OFPE ne peut se dissocier de mon enfance, de ma jeunesse tumultueuse, de mes galères, de ma rencontre avec Blandine, ma femme, des différents épisodes de ma vie professionnelle. Ce serait trop simple ! Je n'étais pas un démon, je ne suis pas devenu un saint. J'ai toujours eu besoin d'amour, j'ai toujours eu envie de donner de l'amour. Simplement, cette quête autant que cette recherche se sont exprimées de mille façons durant ma jeune existence. Après avoir mendié de l'affection ou de la reconnaissance, me voilà au service de Dieu. J'ai simplement changé de royaume…

Mortelle atmosphère

Le jour de l'enterrement est arrivé. Jusque-là, la mort de mon frère formait un concept assez abstrait dans mon esprit. Dans la lettre qu'il avait laissée, Christophe demandait à être incinéré sans qu'il y ait d'office religieux. Mais mes parents ont de trop fortes convictions catholiques pour se résoudre à l'absence de messe. Elle est célébrée dans la chapelle du Père-Lachaise, à Paris. La puissance de l'émotion entoure mes yeux d'une sorte de voile qui rend l'événement totalement irréel. À la demande du prêtre, un ami de mes parents, venu de Reims pour les soutenir, j'ai accepté de participer à l'office en tant qu'enfant de chœur. Sur le parvis, nous attendons l'arrivée du fourgon mortuaire. Déjà, un grand nombre de personnes entre à l'intérieur : je reconnais des gens de ma famille que je n'ai pas vus depuis des années, comme si le choc du suicide d'un jeune homme de vingt-deux ans soudait mystérieusement des individus qui cherchent des réponses à cette unique question : pourquoi ? Le suicide est toujours une énigme.

Soudain, mon regard se fixe sur une image qui m'apparaît pour la première fois et que je n'apercevrai de nouveau qu'en de rarissimes circonstances. Le dos voûté, mon père descend de la fourgonnette des pompes funèbres. Son visage noyé de larmes lui fait perdre cette solidité, inébranlable et figée, qui se lit en permanence sur ses traits. Pourquoi ne s'est-il jamais autorisé à pleurer, à confier sa détresse absolue ? Pourquoi n'a-t-il jamais pu dire cet amour dont je n'ai par ailleurs jamais douté ? En terrassant mon père, la mort a aussi anéanti la vie à la maison. Mais le souvenir de Christophe et l'épouvantable culpabilité qui s'y attache sont là, à chaque instant. Ils rongent mon père, l'enfermant dans un chagrin qui ne s'exprime que de façon détournée. Ils plongent la maison dans une ambiance pesante qui exclut tout moment joyeux, toute manifestation spontanée de gaieté. Aucun panneau ne l'indique sur la porte d'entrée, mais l'idée de mort a pris possession des lieux : notre maison, qui résonnait autrefois de nos cris et de nos éclats de rire, se fige en un musée glacial et glaçant. Un à un, mes frères et sœurs quittent la maison. Les uns pour poursuivre leurs études, les autres pour fonder une famille. Je me retrouve seul au milieu de mes parents. Rien n'est permis, tout est interdit. Rien ne se dit, tout se traduit en violents impératifs, en injonctions autoritaires. Mon père ne me parle jamais sur un ton normal. Il hurle. Prononce mon prénom dans un rugissement qui accentue toutes les syllabes : « Jéééé… rôôôô… meeee. » Au moindre prétexte, ce cri guttural retentit depuis le fauteuil du salon où mon père passe ses journées. Le chômage le contraignant à l'inactivité — le calvaire durera cinq longues années —, son quotidien se résume à la lecture de livres, en particulier d'histoire, et aux mots croisés. Il ne bouge quasiment jamais de cette place où je crois le voir encore aujourd'hui. Mon père ne vient jamais aux autres, ce sont les autres qui viennent à lui.

Un soir, alors que je suis monté me coucher dans ma chambre, au premier étage, j'entends retentir le fameux hurlement. Stupeur : du fond de mon lit, quelle entorse au règlement paternel ai-je bien pu encore commettre ? « Jéééé… rôôôô… meeee, tu n'es pas venu me dire bonsoir. » L'idée ne l'a même pas effleuré de venir m'embrasser lui-même. Papa est dans l'incapacité chronique de me dire qu'il m'aime ou, tout au moins, de me témoigner son affection. Sa mission éducative à mon égard se fonde exclusivement sur des ordres. À table, nous déjeunons et dînons dans une ambiance sinistre. Mon père ne sort de son silence que pour m'engueuler quand je pose mes coudes sur la table. Il me saisit violemment les avant-bras, les pose brutalement sur la nappe et reprend son repas… sans lever le coude quand il mange. Premier d'une longue liste d'exemples qui illustrent l'une de ces règles tacites dont il n'a pas conscience : « Faites ce que je dis, ne faites pas ce que je fais. » Mais son malaise, son dégoût de vivre peuvent prendre des formes encore plus violentes. À côté de son assiette, il garde en permanence le couteau à pain et m'en assène des coups secs quand j'ai le malheur de tripoter mon rond de serviette, par exemple.

Je commence à étouffer. Ma nature plutôt explosive et hyperactive m'incite à jouer avec des garçons de mon âge. Je rêve d'aller chez eux pour les inviter en retour à la maison. C'est quasiment impossible. Quiconque vient chez nous est jugé. Sur ses vêtements, sur sa manière de se tenir ou de s'exprimer. Plus tard, je comprendrai que mes amis ont une peur bleue de mon père, dont la voix et le regard sévère les épouvantent. Cette terreur se prolonge jusqu'au téléphone puisque la plupart d'entre eux raccrochent lorsqu'ils se rendent compte que c'est lui qui vient de décrocher. Je suis seul, terriblement seul. Un immense sentiment de vide m'envahit : comment pourrais-je m'accrocher au vide ? Jamais mon père ne me demande ce que j'ai envie de faire. Quand il effectue des travaux de bricolage, il m'intime l'ordre de le suivre et ouvre la boîte à outils. Je dois rester silencieux et le regarder faire, alors que de nombreux pères rêvent de partager leurs connaissances avec leurs fils. Je n'ai pas connu cette complicité-là. J'aurais aimé jouer avec lui.

Dans les cartons, au fond du grenier, j'ai retrouvé le train électrique avec lequel s'amusaient mes frères, quelques années plus tôt. Dans ma tête de gosse, je gardais un souvenir extraordinaire de ce réseau qui occupait une pièce entière : le soir, nous éteignions la lumière, les trains avançaient dans l'obscurité, les feux clignotaient, tous les aiguillages fonctionnaient. Spectacle magique ! Quand mon père s'est rendu compte que j'avais mis la main sur le train, il s'est mis à hurler. « Range ça immédiatement, c'est beaucoup trop fragile. Tu vas le casser. » À quoi sert un train électrique si les enfants ne peuvent pas l'utiliser ?

Il était incapable de se projeter dans mes désirs : en un mot, il ne s'interrogeait jamais sur ce qui pouvait me faire plaisir. Il était seul habilité à déterminer ce qui était bon pour moi. Il avait décidé, par exemple, que je ne ferais jamais de tennis. « Les sports individuels entretiennent l'égoïsme », affirmait-il de façon péremptoire. Je n'ai jamais pu me servir de la raquette que m'avait offerte mon frère. Imaginez un gamin de douze ans à qui l'on retire toute possibilité de s'amuser. Il est abattu ou révolté. J'ai connu les deux états. Durant de longues heures, seul dans ma chambre, j'ai ruminé ma tristesse et ma frustration. Je crois que j'ai eu envie de me foutre en l'air. Il fallait que je sorte de cette prison silencieuse où j'étais condamné à l'ennui. Je sais aujourd'hui que mon envie de vivre m'a sauvé. Elle m'a conduit à m'échapper de cet univers. Peu importaient les moyens.

M'évader à tout prix

Trois lettres. Trois lettres qui s'opposent en permanence à toutes mes demandes. « Non ! » Il suffit que j'exprime un désir pour que le mot sorte de la bouche de mon père. Or, nous avons en commun quelques traits de caractère : je ne supporte pas qu'on me tienne tête, entre autres. Plus tard, cette caractéristique me jouera des tours, mais, pour l'heure, je pars bille en tête dans une exploration en bonne et due forme de tous les recoins de la maison. Puisque l'on m'empêche de sortir, je vais découvrir par moi-même de nouveaux horizons. Réels et imaginaires. Loin de moi l'idée d'endosser le costume de la victime malheureuse : j'ai un tempérament qui me pousse à braver l'interdit. Plus l'interdit fait obstacle à mes désirs, plus j'essaie de le contourner.

Le week-end, sitôt le déjeuner terminé, je suis envoyé dans ma chambre. Cet espace se révèle bien vite exigu pour mes envies de conquête. Je me promène alors de pièce en pièce. Comme mes affaires ne m'intéressent plus, je fouille dans celles de mes frères et sœurs. Je ne nie pas ma curiosité naturelle, un peu plus élevée que la moyenne. Mais elle met d'abord en relief un goût pour la nouveauté qui ne demandait qu'à être canalisé et à s'exprimer dans des activités ludiques. Réprimée, cette curiosité s'échappe dans toutes les directions. Tel un aventurier, je pars à la découverte. De tiroir en tiroir, de placard en placard. Comme tous les gamins, j'aime les bandes dessinées. Il y en a une que j'apprécie pardessus tout, c'est *La Patrouille des castors*. Je suis fasciné par ces adolescents de mon âge qui s'amusent et vivent des aventures extraordinaires dans une grande liberté. Moi, ma découverte, elle me conduit à trouver des balles de fusil de l'armée dans la chambre de mon frère Christophe. Je pousse le mimétisme avec les aventuriers de la BD jusqu'à entreprendre de me confectionner un pendentif avec une balle accrochée à une ficelle. Curieuse lubie ! Un mercredi matin, alors que ma mère dort encore, je vais chercher une pince dans la boîte à outils de mon père. Je veux absolument extraire la balle de la douille mais elle me résiste. Un peu de chaleur devrait faire l'affaire ! Me voilà à la cuisine, allumant le gaz et posant la cartouche sur la flamme. Pan ! Une explosion soudaine me projette à terre. Complètement sonné ! J'ai bien du mal à expliquer à ma mère qu'il ne s'est rien passé. Des gouttes de sang parsèment le sol partout où je pose le pied.

Quant à la balle, elle a été récupérée à l'autre bout du salon, à notre retour de l'hôpital où le médecin a recousu la plaie après m'avoir copieusement engueulé. Cette envie désordonnée de découverte me conduit à poser des actes inconscients et à transgresser l'interdit. Fouinant à tort et à travers, je ne respecte rien. J'explore le grenier de fond en comble, inspectant le contenu des malles dans leur moindre détail. D'ailleurs, la maison, dans son ensemble, n'a plus aucun secret pour moi. Pas un millimètre de placard ou de tiroir que je n'aie fouillé, pas une poche de pantalon ou de veste que je n'aie retournée. La cave subit mes assauts, le toit n'y échappe pas davantage. Malgré la hauteur de la maison et son aspect fortement pentu, c'est devenu mon nouveau domaine. J'y accède en passant par la lucarne du grenier. Ces acrobaties relèvent de la folie pure mais je n'en ai pas du tout conscience, submergé par mon envie de respirer à l'air libre. Je me couche sur les tuiles pour ne pas tomber mais il m'arrive de jouer à l'équilibriste sur la faîtière. Là, personne ne peut venir me chercher... Difficile d'imaginer que je me trouve sur le sommet de la maison qui m'offre une vue superbe sur tous les toits de la ville.

Seulement, notre maison devient trop petite pour mes investigations puisque je la connais entièrement. Les voisins, une famille très sympa — une de mes sœurs épousera plus tard l'un des enfants —, ont eu la mauvaise idée de nous confier leurs clés. Les pauvres ! Il n'en faut pas plus pour que je reproduise chez eux ce que j'ai fait chez moi. Je passe leur intérieur au crible. Malin, j'ai étudié leurs horaires de telle sorte que je peux m'introduire à leur domicile en fonction de leurs allées et venues. Un jour, j'échappe tout de même *in extremis* à l'arrestation en flagrant délit : entendant la porte s'ouvrir, j'ai juste le temps de m'enfuir et de sauter le mur du jardin pour rentrer chez moi.

À force de fouiller chez eux, je sais tout de leur vie. Et je suis même au courant de l'endroit où ils cachent leur argent. Dans une penderie, j'ai déniché de magnifiques billets de cent francs et la cachette, sous des pulls, fait office de distributeur automatique. Déjà, j'avais commencé à prendre un peu d'argent dans le porte-monnaie de mes parents, mais la notion de respect du bien d'autrui s'estompe encore un peu plus. Je n'ai pas de limites dès lors que je ne me fais pas piquer. Là encore, pas question de me faire passer pour un ange aux ailes immaculées ! Je ne peux nier que j'expérimente avec un certain plaisir les vertus de l'argent facile. Évidemment, quand je vais au bar avec mes potes, je peux enfin payer mes tournées, mais ces billets me servent surtout à agrémenter l'école buissonnière que je fréquente sans fausse honte.

J'ai pris le parti de sécher les cours et d'établir mes quartiers dans un immense centre commercial, à quelques kilomètres de la maison. Je passe mes après-midi chez Darty, au rayon des téléviseurs, sans que les vendeurs m'adressent jamais la moindre remontrance. Les téléspectateurs les plus assidus peuvent m'interroger sur les programmes de l'après-midi : je suis devenu incollable. Côté maturité, j'ai également fait d'énormes progrès. Je me suis ouvert très tôt aux questions d'adultes grâce aux magazines de société diffusés à l'époque. Mon émission culte, c'est « Aujourd'hui madame » et ses invités en costumes ternes sur un plateau aux couleurs grisâtres !

Durant ces heures passées loin de l'école et de la maison, j'oublie tout, mettant entre parenthèses l'ambiance qui règne à la maison. J'évolue dans un autre monde, où je mets en pratique tout ce que j'ai pu imaginer derrière ma fenêtre. Je découvre maintenant les lieux que j'apercevais par-delà les toits.

Tous les éducateurs (les parents en premier lieu) devraient comprendre que l'enfermement fait naître l'idée d'évasion. Le samedi, je n'ai pas le droit d'aller jouer avec les enfants de mon âge qui habitent dans les immeubles voisins. De l'autre côté du mur, au fond de notre jardin, à quelques dizaines de mètres… Juché sur le mur, j'ai souvent pleuré de ne pas pouvoir les rejoindre, tellement nous nous amusions le mercredi — ce jour-là, j'obtenais la permission, mais pas le samedi ! — au cours d'interminables parties de cache-cache ou de patin à roulettes. Nous jouions aussi au gendarme et au voleur dans le dédale des garages. Mais, pour y accéder, il fallait détenir une clé… que possédaient les habitants de la résidence. Au cours d'une partie, je me suis débrouillé pour être le chef et j'ai exigé d'avoir une clé. À toute vitesse, j'ai filé chez le serrurier le plus proche pour qu'il en réalise un double. J'ai pu ainsi me balader dans toute la résidence et continuer ma vie d'aventures. Chaque fois que j'entendais un bruit, j'avais peur du gardien. C'était un petit homme aux cheveux gris, d'origine portugaise : très gentil, très consciencieux, il savait aussi se montrer ferme avec les garnements de mon espèce. Un jour, avec un copain, nous avons été surpris alors que nous faisions brûler des bougies à l'intérieur de cheminées d'aération — que nous avions escaladées, bien sûr. Il nous a enfermés à clé dans la cave pendant une heure et demie en nous disant : « Ça vous servira de leçon. » J'ai eu la trouille de ma vie.

Du sexe plein la tête

C'était un petit livre dont j'ai oublié le titre. À vrai dire, je ne sais même plus dans quelle pièce je l'avais trouvé, au cours de l'une de mes fouilles dans la maison. En revanche, je n'ai jamais oublié ce qu'il dévoilait au fil des pages. La sexualité humaine y était expliquée, dans le détail de toutes les positions possibles et imaginables, tout au long de dessins hyperréalistes. En pleine période de puberté, mon imaginaire est éveillé de la façon la plus brutale. Jusque-là, je n'avais jamais évoqué le sujet avec mes parents et je crois bien que je n'avais même pas idée de l'acte de pénétration. D'un coup, les ébats sexuels m'apparaissent dans leur aspect le plus clinique, le plus froidement mécanique, et je dois me débrouiller tout seul avec cette découverte. Mon apprentissage de la sexualité se déroule dans des conditions qui ne sont pas adaptées à mon âge. Et le mot apprentissage est largement abusif ! Mon expérience me fait cruellement ressentir l'absence d'éducation sexuelle. Et j'ai la conviction que je ne suis nullement un cas isolé. Combien de garçons et de filles ont leur première relation sexuelle sans rien connaître même de l'anatomie de leur partenaire ? Combien de frustrations, d'incompréhensions, voire de traumatismes souvent indélébiles cette méconnaissance génère-t-elle ? Durant mon adolescence, maman m'a raconté comment, à l'instar des jeunes femmes de sa génération, elle avait dû faire face à son ignorance complète du corps masculin. En y songeant une vingtaine d'années plus tard, je comprends que cette confidence m'a beaucoup troublé. La manière dont ma mère a partagé avec moi, jeune garçon de quatorze ans, plusieurs détails de sa vie sexuelle en dit long sur la solitude qu'elle éprouvait sur le sujet. Elle aurait eu besoin de parler avec d'autres femmes pour se rendre compte qu'elle n'était pas la seule à vivre certaines souffrances, nées d'une méconnaissance mutuelle entre les représentants des deux sexes.

Mais le malaise que je ressens à la suite de ces découvertes brutales n'est rien à côté du séisme mental que je vais subir en août 1981. Un mois plus tôt, j'ai tout juste perdu un peu de mon innocence en embrassant une fille pour la première fois, à la faveur d'un camp scout. Léger frisson qui n'a rien de bien méchant ! Alors que je suis en vacances dans une maison de famille on me remet un livre qu'un cousin a laissé à mon intention. Je n'ai jamais oublié son titre mais je préfère le passer sous silence afin qu'il ne provoque pas de nouveaux ravages. Dans un souci d'apaisement, je veux penser que mon cousin n'avait pas mesuré les dégâts que ce texte allait provoquer dans mon imaginaire. Et pourtant, il n'ignorait rien des scènes perverses qu'il contenait. Ce roman — qu'un cinéaste a cru devoir porter à l'écran quelques années plus tard — décrit la relation sadomasochiste qu'entretient un couple, à travers les expériences sexuelles les plus dégradantes. Le souvenir de ces passages immondes, où l'un des partenaires est soumis aux désirs les plus avilissants de l'autre, me fait venir la nausée. À l'époque, ces images s'impriment dans mon esprit et me font découvrir que mon corps peut ressentir des pulsions sexuelles. Je découvre aussi les moyens physiques qu'il me donne pour les assouvir. Mes fantasmes nourrissent de fréquentes masturbations, tout comme les revues pornographiques que j'achète régulièrement. Aujourd'hui, quand je vois ces magazines étalés dans les kiosques à portée de vue du plus grand nombre, devant les friandises et les cigarettes, je souffre pour ces gamins de dix ans qui peuvent se les procurer comme ils le souhaitent. La lecture de ces revues leur offre une vision totalement faussée des femmes et des rapports sexuels. Comment prendre en compte les désirs de votre partenaire quand la masturbation vous a appris à satisfaire, au moment voulu, votre désir sexuel le plus brut ?

Je suis complètement perturbé par ces images qui dissocient l'acte sexuel de sa dimension affective et amoureuse. Elles m'occupent tellement l'esprit que chaque femme devient un objet de conquête. Je ne peux en rencontrer une sans imaginer avoir une relation sexuelle avec elle. Peu importe qu'elle soit âgée de vingt ou de soixante-quinze ans, peu importe qu'elle soit ravissante ou que son physique ne soit pas une ode à la beauté de la Création, je la déshabille immédiatement du regard. Mes contradictions me perturbent violemment : d'un côté, j'espère sincèrement rencontrer la femme de ma vie, avec laquelle j'aurai des enfants ; de l'autre, mon envie de passer à l'acte ruine tout projet de long terme. Dès que je sors avec une fille, mes intentions sexuelles prennent très vite le pas sur la volonté de construire une relation stable et durable. De quinze à dix-sept ans, je multiplie les aventures sans lendemain, saisissant le moindre prétexte — en particulier les vacances ou les baby-sittings en dehors de la maison — pour connaître une nouvelle expérience.

Pour posséder toutes les femmes dont j'ai envie et réaliser les fantasmes qui m'envahissent en permanence, j'ai même trouvé la solution miracle : je me mets en tête de devenir une star de films X. Non pas que les exploits des « hardeurs » me fascinent particulièrement, mais je me dis que l'industrie pornographique peut m'offrir l'emploi idéal pour assouvir mes fantasmes. Je m'imagine fort bien en train de satisfaire trois ou quatre créatures en même temps. Je ne me doute pas que la réalité peut rejoindre la fiction.

Un après-midi, une fille du lycée un peu plus âgée que moi m'invite chez elle avec deux copains. Ses parents habitent l'une de ces belles demeures bourgeoises au seuil desquelles il faut franchir un petit portail en fer forgé. Elle nous conduit dans la cave où a été aménagé un coin salon. Deux canapés ont été installés de façon rectangulaire pour permettre à chaque invité de regarder la télévision. Là, c'est un film porno que la fille glisse dans le magnétoscope. Quand la cassette se met en marche, nous sommes déjà bien éméchés, à force d'ingurgiter de l'alcool. Assis à côté de la fille, je commence à la caresser, à l'embrasser. Elle n'oppose aucune résistance à mes assauts et nous nous déshabillons jusqu'à être entièrement nus devant les deux autres garçons. En réalité, je reproduis à l'identique les scénarios que je vois dans les films X. En particulier celui qui est projeté sous nos yeux, à cet instant précis. Nous faisons l'amour devant mes potes. Peut-on écrire « faire l'amour » ? Sitôt l'acte consommé, la fille se dirige vers l'escalier qui conduit au rez-de-chaussée. Je l'entends vomir dans la salle de bains, écœurée sans doute par la scène qui vient de se produire. J'ai à peine conscience de ce que je viens de faire. Mes deux potes ont déjà tourné les talons. Dès que nous nous retrouvons dans la rue, ils s'empressent de me dire qu'ils regrettent bien de ne pas être passés à l'acte avec la fille. Que serait-il advenu si cela s'était produit ? Quand je lis dans les journaux le récit de tournantes, au cours desquelles plusieurs adolescents abusent d'une jeune fille sans avoir le sentiment de commettre un viol au sens pénal du terme, je me rends compte que nous aurions pu, à cette occasion, franchir les limites de la loi. Heureusement, ce ne fut pas le cas. Alors que j'étais venu prendre des nouvelles de la santé de la fille, quelques semaines plus tard, l'une de ses copines m'assura qu'elle n'était pas enceinte. Je mesure aujourd'hui combien cet acte d'inconscience aurait pu faire basculer ma vie. Mon désarroi, conjugué à une absence totale de limites, me conduisait à me comporter de façon totalement désordonnée.

L'art de la fugue

Comment deux prisonniers, enfermés dans leurs cellules respectives, peuvent-ils communiquer ? Murés dans leur chagrin, écrasés par le poids de la culpabilité, mes parents n'ont plus la force de trouver la bonne attitude pour me parler. Souffrant d'une solitude que je ne parviens pas à exprimer, je cherche à échapper à cet état en multipliant les conneries, comme autant d'appels à l'aide désespérés. En réalité, chacun d'entre nous s'arrange avec sa souffrance comme il le peut. Mon père se plonge dans ses livres d'histoire et ses mots croisés. Ma mère passe de très longues heures en dehors de la maison, au motif d'effectuer des emplettes qui nécessitent, à l'évidence, une durée moindre. Peut-être n'en a-t-elle même pas conscience, comme s'il s'agissait d'un geste de survie. Elle manifeste un besoin impérieux, quasi vital, de respirer un autre air que l'atmosphère étouffante du domicile familial. Quant à moi, mon désir d'évasion prend des formes tellement diverses qu'il se traduit par… une éviction pure et simple de la maison. Ce n'est sûrement pas ce que je recherchais au fond, mais mes parents ont cédé aux exigences du principal de mon collège leur conseillant vivement de m'envoyer en pension. Et si l'on apprenait aux parents à décoder les moyens d'expression détournés des enfants ?

Loin de ces considérations, pourtant essentielles, le principal de l'établissement avait fini par se lasser de mon comportement. L'école représentait pour moi un tel espace de liberté que je la transformais en un univers de jeu et d'amusement où mon tempérament de gamin farceur (qui ne s'est pas vraiment éteint aujourd'hui...) trouvait une inépuisable matière à inventions. Là encore, en réprimant mes envies de camaraderie, mon éducation avait atteint l'inverse du but recherché. J'étais en quête constante de relations, de liens affectifs, et l'on m'interdisait de voir quiconque en dehors de chez moi. On comprendra que j'aie cherché à rattraper le temps perdu durant les heures passées à l'école. Je n'avais pas exactement mesuré que l'invention de Jules Ferry était destinée à fournir un enseignement, nécessitant un minimum d'attention et de discipline. Je me dissipe à la moindre occasion, rivalisant d'imagination pour inventer des pitreries qui font rigoler la galerie. Un peu moins mes professeurs, qui ont vite fait de me ranger dans la catégorie des cancres. Mes résultats catastrophiques obligent donc mes parents à trouver un établissement qui veuille bien m'accueillir. Paradoxalement, je m'éloigne de cette famille dont l'affection — qui n'exclut pas la fermeté — m'aurait été si utile à cette période cruciale de construction de soi-même qu'est l'adolescence. Me voilà donc en partance pour Rouen, à deux cents kilomètres de mon domicile. L'aspect éducatif de cet isolement a dû m'échapper, puisque ma première initiative consiste à me faire de nouveaux copains. Un public très attentif à mes talents comiques ! Tous ensemble, nous attendons impatiemment le mercredi, où je peux mettre à profit mon expérience de l'escalade pour franchir le mur du pensionnat : j'ai connu des obstacles plus redoutables, le toit de notre maison par exemple ! Loin du collège, nous passons l'après-midi dans les bars de la cité normande, à jouer au flipper et à nous essayer à l'art de la séduction avec les adolescentes de la ville. Un jour de malchance, le censeur de l'établissement nous attrape. « Vous allez être convoqués chez le directeur, nous dit-il, et vous serez renvoyés pendant trois jours. »

Bizarrement, nous avons tous pensé que la sanction était déjà prononcée et nous sommes partis de l'école. Moi, je suis allé chez ma grande sœur qui habitait Paris, parce que j'avais trop peur de rentrer chez mes parents. Je suis finalement revenu à Rouen et, lorsque mon père est venu me chercher, le samedi matin, il m'a administré une gifle retentissante. Ce qui lui a valu une remontrance du directeur : « Il ne l'a pas fait exprès, il ne se rend pas compte, il est complètement paumé. » Paroles de sagesse ! Je suis totalement perdu alors que ma conduite, très libre envers toute forme de règlement, laisse sûrement penser aux adultes que je me moque du monde avec une belle assurance.

À son tour, le directeur du collège de Rouen ne s'est pas embarrassé de ces réflexions et j'ai été renvoyé. Recherche établissement scolaire désespérément… Après une première tentative de quinze jours dans un lycée public à Montgeron — même si j'avais rejeté à l'époque toute dimension spirituelle de ma vie, j'avais estimé que cette école manquait d'âme ! —, me voilà à la pension Saint-Charles à Athis-Mons, dans l'Essonne. La qualité de l'encadrement, perceptible notamment chez les profs qui s'intéressaient aux élèves avec une attention vraie, me permet d'y rester un an et demi, même si je souffre toujours de l'isolement. Heureusement, ma mère a la bonne idée de m'écrire chaque semaine. Le plus souvent, je reçois ses lettres le mercredi. Son écriture a beau être largement indéchiffrable, ses mots me font un bien fou parce qu'ils me disent qu'elle m'aime.

Pourtant, quand je reviens à la maison, j'éprouve toujours la même sensation d'étouffement. Ce sentiment me saisit avant même l'arrivée à la maison, puisque mon père tient à venir me chercher tous les vendredis. Alors que nous sommes libérés à seize heures, je l'attends parfois pendant deux heures, tout seul, à ne rien faire, comme lorsque je me trouvais devant la fenêtre de ma chambre. Rentré à la maison, face à ce vide, à ce silence pesant, je suffoque tellement que je me mets à fuguer. Techniquement, il ne m'est pas très difficile de m'échapper. Il faut simplement que j'évite de passer par la porte d'entrée et par celle donnant sur le petit jardin car mon père peut m'entendre depuis le fauteuil du salon, le poste d'observation qu'il occupe presque en permanence. Ma fouille minutieuse des moindres recoins de la maison m'a conduit à étudier les bruits que peut générer chaque mouvement de l'un d'entre nous. Je sais précisément comment mes parents montent l'escalier, à quel moment ils s'arrêtent, et même quels objets ils ont effleurés dans leurs déplacements. Je ne peux pas fuguer par le toit — eh non ! c'est tout de même trop haut — ou par le deuxième étage, lui aussi beaucoup trop dangereux. Il me reste deux possibilités : la cave ou le premier étage. Prévoyant, j'ai pris soin d'effectuer un petit test préalable, en l'absence de mes parents : pouvais-je monter de l'extérieur de la maison et entrer par la fenêtre, après avoir escaladé le mur le long de la gouttière ? Mission… possible !

Reste à expérimenter la descente… Elle intervient généralement le samedi après-midi. Comme toujours, mon père m'interdit de rejoindre mes copains et me somme de regagner ma chambre, de cette phrase éternelle lancée à l'intention du mauvais élève que je suis : « Va travailler ! Va travailler ! » Je m'exécute, mettant en pratique la stratégie que j'ai élaborée : une fois dans ma chambre, j'attends un quart d'heure sans faire de bruit. Descendant marche par marche, en choisissant minutieusement l'endroit où je pose mon pied, j'arrive au premier étage, dans la lingerie. J'ouvre la fenêtre, je me mets sur son bord extérieur — j'ai une technique pour la repousser sans qu'elle soit complètement fermée — et je descends le long de la gouttière, à gauche de la porte d'entrée. Ayant franchi le mur, je me mets à courir, tel un prisonnier évadé. Et je respire, avec un sentiment de joie indescriptible.

Indubitablement, le désir de m'échapper hors de la maison était plus fort que la peur de l'engueulade. Celle-ci survenait parfois, quand mon père s'apercevait de la supercherie. Hélas, il ne comprenait pas ce que révélaient mes fugues à répétition. Je m'en allais de chez moi parce que je ne pouvais plus respirer. Et mon oxygène, je le trouvais avec mes copains, dans un bistrot qui était devenu notre repaire. Il s'appelait Chez Camille, rebaptisé Chez Cam, dans notre langage d'adolescents. Je me sentais bien, dans ce bon vieux bistrot à l'ancienne, avec sa véranda, son jardinet, ses tables en bois et sa salle réservée aux flippers et au baby-foot. J'aimais l'ambiance de cet endroit parce qu'une sorte de vie de famille s'y était recréée : tous les âges étaient représentés et chacun se connaissait. Avec mes potes, nous ne faisions rien de mal : je ne buvais pas d'alcool, juste de la limonade et du Coca. Plus tard, j'irai jusqu'à prendre un Monaco, mais ce n'était pas très violent…

Grâce à Dominique

Au palmarès des blagues de potache, j'aurais obtenu le premier prix, sans aucune difficulté. Si l'on avait pris en compte les performances en escalade, j'aurais pu, là aussi, tirer mon épingle du jeu. Hélas, le système scolaire français possède d'autres critères de notation, qui me sont nettement moins favorables. À seize ans et demi, je suis toujours en classe de troisième après avoir redoublé l'année précédente. Le baccalauréat paraît bien loin… Dans un sursaut, je me mets en tête de passer le concours d'une petite école de commerce qui ne nécessite pas le précieux sésame. À bien y réfléchir, ce regain de motivation est largement suscité par l'exemple de mon frère Dominique. L'admiration que j'éprouve pour lui, mêlée à cet aiguillon qu'est ma fierté, me pousse à réagir et à vouloir l'imiter. Ah, Dominique ! Pour moi, il a toujours été ce modèle positif, indispensable à tout adolescent en construction. Que serait-il advenu s'il n'avait pas été là ? Je me serais égaré encore davantage, comme tous ces jeunes qui n'ont pas la chance d'avoir un exemple à suivre. Patiemment, il a veillé sur moi, m'accompagnant de façon discrète et efficace. Quand j'étais enfant, il m'obligeait chaque soir à apprendre par cœur une phrase en anglais ainsi qu'une phrase en latin, dans le but de contribuer à mon éducation ! Sur le plan personnel, il rayonnait, surmontant les épreuves de la vie avec un courage qui m'impressionnait beaucoup. À dix-neuf ans, il venait de se marier avec Coralie. Une petite fille naquit, Laure, qui mourut à l'âge de trois semaines. Ensemble, avec sa femme, ils ont fait face, ne renonçant pas à bâtir cette famille accueillante où j'ai toujours eu plaisir à me glisser. Dans tous les domaines, j'avais envie de ressembler à Dominique ! Professionnellement, sa réussite me fascinait : sorti de l'école sans le moindre diplôme, il occupait, à l'époque, un poste de commercial. Aujourd'hui, alors qu'il n'est pas davantage diplômé, il est devenu directeur commercial dans une multinationale de l'industrie du tourisme.

Porté par l'envie de réussir et le besoin de faire mes preuves, je m'inscris au concours de cette école de commerce. J'échoue à la première tentative, en juin : cent soixante candidats ont été admis sur les deux mille postulants. En septembre, je ne figure pas plus parmi les heureux élus. Je décide d'entrer en classe de seconde afin de présenter de nouveau le concours l'année suivante. Finie, la pension, me voilà revenu chez mes parents. Mais, rapidement, la situation se dégrade. De nouveau, la fugue est l'unique moyen pour échapper à cette ambiance qui m'oppresse. Gentiment, des amis de mes parents proposent de m'héberger chez eux. Ils ont l'habitude d'accueillir aussi beaucoup d'étudiants étrangers. Chez eux, je sympathise avec un Américain, excellente occasion de perfectionner mon anglais et d'étancher ma soif de découverte et d'exotisme. Mais les vieux démons me poursuivent : apparemment, j'ai l'art de rencontrer des copains qui exercent une mauvaise influence sur moi. Éternel cercle vicieux ! Mon opinion de moi-même est tellement négative que je ne peux faire que les mauvais choix. À quoi pouvais-je bien être utile, moi qui avais raté tous mes examens et causais tous les soucis du monde à mes parents ?

Mon frère Dominique avait sa petite idée. Un jour, à ma grande stupéfaction, il m'annonce en compagnie de Coralie qu'il aimerait bien me parler. Amaury, leur fils, était né quelques semaines plus tôt.

« Tu sais, me disent-ils, Amaury n'est pas encore baptisé. Nous lui avions choisi un parrain mais notre beau-frère vient de nous appeler pour nous dire qu'il ne peut absolument pas rentrer des États-Unis. Nous avons donc une proposition à te soumettre. Est-ce que tu serais d'accord pour le représenter à l'occasion du baptême ? »

L'offre m'allait évidemment droit au cœur mais, comme dans toute bonne transaction, elle s'accompagnait d'une condition.

« Il faudrait que tu retournes à la messe, au moins une fois avant la cérémonie. »

Voilà bien longtemps que je n'avais plus mis les pieds à la messe. Mon empressement à me précipiter dans la première église venue montre bien que j'attendais par-dessus tout une marque de confiance. Sans pouvoir le formuler, j'espérais que l'on me tende la main. Une main ferme et affectueuse qui n'écrase pas celui qui la reçoit mais contient suffisamment de force pour le redresser et lui permettre de repartir de l'avant. Chez moi, l'effet a été immédiat ! Dès le lendemain, je me suis mis en route vers une paroisse des environs. J'ai beaucoup de mal à expliquer, avec des mots intelligibles, ce qui s'est produit à ce moment-là. Debout, à l'entrée de cette église dans laquelle je n'osais avancer, j'ai su que Dieu existait. Pour moi, Il était vivant. Qu'on se rassure : je n'ai pas sauté en l'air en hurlant que le Très-Haut avait posé la main sur moi ; je n'ai pas été saisi de spasmes accompagnant des visions à répétition. Ce fut une prise de conscience, simple et lumineuse. Une évidence qui me sautait aux yeux : Dieu est là ! Pourtant, j'étais loin d'être un pilier de sacristie et les églises ne couraient pas le risque de s'effondrer sur moi. Jusqu'alors, je ne vivais ma foi que dans le cadre de mon éducation. Chaque dimanche, je mentais à mes parents avec une régularité sans faille en leur faisant croire que j'étais allé à la messe. Je poussais l'art de la dissimulation jusqu'à prendre quelques renseignements sur l'évangile du jour afin de parer à toute question éventuelle. Mais j'avais été tellement touché par la confiance de mon frère que je n'ai pas rechigné à aller dans cette église. À l'époque, j'étais bien le dernier auquel on pouvait accorder sa confiance : je faisais régulièrement du baby-sitting — à la grande satisfaction des jeunes mamans, bien loin de se douter que j'en profitais pour fouiller leurs maisons de fond en comble. Et pour trouver, parfois, des revues ou des films pornographiques qui continuaient à alimenter mes fantasmes.

Mon désarroi atteignait un degré tel que j'étais également parvenu à me faire virer de la patrouille scoute que je fréquentais depuis l'âge de treize ans. Progressivement, j'avais détourné le scoutisme, auquel j'étais tant attaché, de sa vocation initiale.

Peu de temps après la mort de Christophe, un surveillant m'aborde dans la cour du collège — une institution catholique privée, très prisée — avec une gentillesse à laquelle je n'étais pas habitué. « Tu n'es pas le frère de Christophe Mulsant ? Tu sais, j'étais dans sa classe. Dis-moi, qu'est-ce qui te ferait plaisir ? » Quelques jours plus tard, il revient avec un disque 33 tours de *Grease*, la fameuse comédie musicale du début des années quatre-vingt avec John Travolta et Olivia Newton-John. Au cours de la conversation, il m'apprend qu'il est en train de mettre sur pied une troupe de scouts. Sa facilité à approcher les autres m'a donné envie de répondre à sa proposition. Je ne l'ai pas regretté car la pédagogie mise au point par Baden-Powell m'a laissé de très bons souvenirs. Les randonnées dans les bois, la construction de cabanes, les feux de camp... Je m'épanouissais pleinement avec d'autres garçons de mon âge, laissant libre cours à mon énergie et à mon « génie » créatif en matière de sculptures forestières. J'étais heureux de vivre cette promesse qui est toujours restée dans mon cœur, les années passant. Malheureusement, au fil de mon adolescence, les choses se sont dégradées. Il m'était difficile de me soumettre à une autorité, dans la mesure où celle de mon père devenait quasiment insupportable. Je bravais mes chefs en fumant en cachette. Pas terrible pour un jeune scout qui avait juré, au cours de sa promesse, qu'il ferait toujours de son mieux ! En revanche, je rivalisais d'imagination pour semer la perturbation dans la troupe. Surtout l'année où notre chef de patrouille a changé. Le pauvre garçon avait le malheur de ne pas posséder autant d'assurance que moi. Je me moquais copieusement de son allure chétive, de sa barbe naissante mal rasée en décrétant qu'il ne me « faisait pas rêver ». Mais j'oubliais qu'il possédait des qualités moins clinquantes : l'honnêteté, la discrétion, l'humilité, la douceur... Et il avait bien du mérite de supporter un second de patrouille comme moi : en permanence, j'écornais son autorité aux yeux des autres, contestant ses choix et adoptant une attitude contraire à ses décisions. Naturellement, l'entente entre nous était devenue quasiment impossible. Pourquoi ai-je accepté de prendre la tête de la patrouille, l'année suivante ? Au fond de moi, je n'en avais pas vraiment envie. Toute forme d'exigence m'apparaissait comme un obstacle que je rechignais à surmonter. Je considérais comme des cons — et je n'hésitais pas à le clamer très fort ! — tous ceux qui n'avaient pas les mêmes idées que moi et ne partageaient pas les mêmes désirs, y compris ma frénésie de conquêtes féminines. Sans m'en rendre compte, je ne cessais de m'isoler. Qui pouvait comprendre que j'avais besoin d'un soutien ? Reconnaissons que je ne faisais pas grand-chose pour aider les autres à percevoir mon désarroi. Au cours de l'année, je n'ai rien trouvé de mieux que de piocher allégrement dans la caisse commune. Quand l'heure des comptes a sonné, il m'a fallu avouer que l'argent de la patrouille s'était évaporé dans les parties de flipper et les boissons que je m'étais offertes Chez Cam. Les responsables des scouts ont prononcé mon exclusion sans réaliser que je l'avais largement provoquée moi-même, au prix d'un glissement dont je ne maîtrisais plus la vitesse. Heureusement, il y eut Dominique et Coralie et leur proposition salutaire qui allait m'aider à me redresser, au fond d'une église…

Libération dans le Morvan

Je n'ai pas compris tout de suite que cette « rencontre » avec Dieu au fond de cette église allait déclencher un mouvement dans ma vie. Le premier d'une longue série de rebondissements et de virages dans mon existence ! Je ne sais s'il faut y voir un lien avec la confiance que m'avait témoignée mon frère Dominique, mais, en juin 1984, je passe le concours de l'école de commerce pour la troisième fois. Et là, c'est la bonne ! Je prends soudain conscience que je suis capable de réussir ce que j'entreprends. Ce sentiment nouveau m'amène à accepter une offre que j'aurais sans doute balayée d'un revers de main quelques semaines auparavant. Les vacances d'été approchant, ma mère me propose de participer à un camp de jeunes organisé par un prêtre dans le Morvan et destiné à donner un coup de main à des paysans en difficulté. Effet magique de la messe ? Sans hésiter, je dis oui. Ma mère avait tout même eu la sagesse d'omettre de préciser que le curé en question s'occupait de jeunes « à problèmes ». Ce qui aurait eu le don de me rebuter : je ne me considérais pas du tout comme un jeune à problèmes, avec mes origines sociales et ma belle maison… Depuis, j'ai eu le temps de mesurer combien la misère affective n'a rien à voir avec la misère sociale. En clair, les milieux dits favorisés n'échappent pas plus que les autres à la difficulté de communiquer et de faire passer leur amour. En la matière, l'égalité de traitement est de mise ! Seulement, cette pauvreté-là peut davantage se dissimuler sous le vernis social, se cacher derrière le jeu des apparences. Une loi tacite interdit de parler de soi, d'exprimer sa souffrance, de confier à l'autre ses doutes, encore moins ses faiblesses ou ses moments de découragement. Chacun est tenu de respecter le règlement intérieur qui intime l'ordre de garder pour soi ce que l'on a au fond du cœur. Il convient de composer avec ce mal interne, comme si un médecin imposait à son patient de ne pas soigner la maladie qui l'affecte. Je sais, pour l'avoir expérimenté, comment cette maladie secrète vous ronge, grandissant un peu plus au fil du temps. Au fur et à mesure qu'elle s'installe en soi, elle se traduit sous forme de symptômes extrêmement variés, qui vont de la rage désordonnée à la dépression la plus sévère. La parole est le meilleur antidote à la croissance du mal. Il faut simplement accepter de se laisser aller à ce petit moment d'abandon — d'autres emploient l'expression « lâcher prise » dont la signification est éloquente — et s'autoriser à parler à quiconque vous inspire confiance. Cet interlocuteur existe pour peu qu'on veuille bien ouvrir les yeux. Pour ma part, j'ignorais encore que j'allais trouver le mien au détour des plaines du Morvan.

Me voilà donc parti, avec le fardeau moral que je porte à ce moment-là : les mensonges permanents, les larcins, les fantasmes sexuels dont je suis prisonnier. Mon père, tout heureux que j'aie réussi le concours d'entrée à l'école de commerce, me conduit au lieu de rendez-vous, dans une ambiance plus détendue que lors de nos trajets d'autrefois. Dans mon esprit d'adolescent, je m'étais imaginé que j'allais rencontrer un jeune prêtre en voiture de sport. Or, j'ai découvert un homme plutôt âgé, au volant d'une 4L brinquebalante qui n'était pas de la première jeunesse. Sa conduite, elle, était plutôt sportive et j'ai vraiment craint tout au long du voyage que nous n'atterrissions dans le fossé. J'ai eu le temps de respirer quand nous avons fait une halte dans un village.

À ma grande surprise, le prêtre m'a emmené au restaurant, m'a offert un très bon repas, me proposant même de prendre un Coca-Cola. Moi qui avais toujours l'habitude d'acheter cette boisson avec de l'argent volé, j'ai apprécié le cadeau à sa juste valeur. Je me suis senti en confiance et, dès notre arrivée, nous nous sommes mis à la tâche avec les trois ou quatre autres jeunes : nous ramassions les foins pour une dame handicapée qui ne pouvait plus s'occuper des travaux des champs. Toujours prêt à faire le fou, je me suis emparé un jour du tracteur et je suis parti faire un petit tour, à la grande fureur du prêtre. Je n'ai pas tardé, non plus, à repérer avec qui j'allais pouvoir entreprendre une petite aventure amoureuse. Je n'ai pu m'empêcher de courtiser la fille de l'agricultrice qui nous accueillait et de sortir avec elle. Le contexte favorable dans lequel je passais ces vacances ne m'empêchait pas de vouloir réaliser les fantasmes qui me poursuivaient.

Le prêtre avait-il pressenti le trouble qui m'habitait et les souffrances que je ne parvenais pas à exprimer ? Chaque jour, j'étais le seul qu'il conviait à l'assister pour la célébration de la messe. Jusqu'au soir où il m'a invité à me confesser, lors d'une marche nocturne. Notre conversation s'est prolongée durant deux heures pendant lesquelles je lui ai confié tout ce que j'avais vécu durant ces cinq années. Je me suis senti soulagé. Libéré après avoir pu parler de ces cinq ans de duplicité, de vie mensongère, de querelles incessantes avec mes parents. Pour la première fois, je réalisais les horreurs que j'avais pu balancer à la tête de mon père : « Papa, lui avais-je dit dans un moment de fureur, je comprends maintenant pourquoi Christophe est mort. Quand je vois comment vous êtes, je sais pourquoi il s'est suicidé ! »

Je n'avais pas conscience du degré d'injustice, d'ingratitude, de méchanceté, voire de haine, que renfermaient mes propos. Je le revois, emprisonné dans sa culpabilité, se tenir la tête entre les mains. Les yeux fermés, il pleurait, répétant entre deux sanglots : « Je n'en peux plus, j'ai envie de mourir. Je n'en peux plus, j'ai envie de mourir. »

Sans la confession, je n'aurais jamais été délesté de ce poids, de toutes ces limites que j'avais franchies. Sans le sacrement de réconciliation, je n'aurais jamais eu la chance unique de sortir enfin de ce chemin dans lequel je m'étais enferré. Je ne remercierai jamais assez le prêtre du Morvan de m'avoir permis de me libérer. À ce moment-là, la confession vient de faire jaillir dans mon esprit une décision limpide et résolue : je vais mettre fin aux fantasmes sexuels, aux vols et aux mensonges. Excellente résolution ! À la nuance près que le sacrement de réconciliation n'est pas une potion magique. Il me reste tout de même du chemin à parcourir pour mettre mes actes en accord avec mes intentions. Par exemple, je n'ai jamais osé dire en face à la fille de l'agricultrice que notre relation était terminée.

Ce moment clé me donne envie de remercier Dieu de ce qui s'est produit. Et qui m'a inspiré l'idée qui allait m'aider à réaliser la promesse que j'avais faite au prêtre, à la fin de la confession ? Dominique, bien sûr ! Je me suis souvenu que mon frère m'avait raconté qu'il était parti à Lourdes en pèlerinage. Mes parents n'en sont pas revenus quand, à mon retour du Morvan, je leur ai annoncé avec un grand sourire que j'allais prendre, le mois suivant, la direction de la grotte de sainte Bernadette.

« Voilà, leur ai-je dit, avec la fraîcheur et la naïveté qu'autorise l'adolescence, je suis libéré, c'est fini. Je ne ferai plus jamais de bêtises. Je suis désolé de tout le mal que je vous ai causé. Je vous demande pardon. Avec les filles, c'est fini. La prochaine femme que je rencontrerai sera ma femme. La femme de ma vie. »

En route pour Lourdes !

Quand l'amour paraît

Lorsque je débarque dans la cité mariale, le 11 août 1984, mon tempérament ne s'est pas radicalement modifié, comme sous l'effet d'un mystérieux coup de baguette magique. J'aborde volontiers des tenues assez chic qui me donnent davantage des allures de minet, plutôt beau gosse, que les apparences d'un servant de messe. À dire vrai, mon style a toujours détonné dans le milieu que j'ai fréquenté. Je me souviens d'être arrivé un jour en pantalon et polo blancs au domicile familial d'une fille de mon lycée. J'avais appris la semaine précédente, au cours d'une soirée, que la prochaine boum se déroulerait chez elle. Sur le perron, sa mère me demande de décliner mon identité. « Vous n'êtes pas sur la liste », me dit-elle en regardant d'un drôle d'air cet étrange visiteur. J'ignorais totalement que la fille en question faisait partie d'un rallye. Et les règles plutôt strictes de ce genre de rassemblement entre jeunes gens de bonne famille m'étaient tout à fait étrangères. Costume, cravate et chaussures bien cirées de rigueur ! En réalité, comme je n'étais pas inscrit dans le rallye — ce qui suppose que les parents de chaque participant organisent à tour de rôle une soirée chez eux —, je n'avais pas le droit d'entrer. Mon bagout habituel a convaincu la maîtresse des lieux et j'ai pu me mêler aux danseurs qui avaient envahi le salon plutôt cossu. Je crois bien que j'ai saisi cette occasion pour faire une nouvelle conquête. Théoriquement, il était formellement interdit aux garçons et aux filles de s'approcher de trop près. Encore moins d'oser un baiser ! Coutume étrange, pour ne pas dire perverse, qui consiste à rassembler des représentants des deux sexes en leur intimant l'ordre de ne pas se mélanger. Trêve d'hypocrisie ! Moi, je ne m'interdis pas de regarder les filles. Même en arrivant à Lourdes. Ce qui ne m'empêche pas de vouloir sincèrement prendre le temps de remercier Dieu, dans la ville même où ma mère était venue, quelques mois après ma naissance, pour me consacrer à Marie.

Je me suis inscrit par l'intermédiaire d'un groupe, mais mon expérience de gamin solitaire ne m'a pas vraiment habitué à la vie collective et je ne suis jamais entré en relation avec les autres. En revanche, au hasard d'un couloir de l'hôtel, je croise deux filles que j'aborde, évidemment, en leur demandant où je dois m'inscrire pour être brancardier. J'ai appris récemment que ma dégaine de séducteur, plutôt sûr de lui, ne les avait pas laissées indifférentes. Elles m'avaient remarqué dès le premier jour. Je les imagine bien se donner des coups dans les côtes en pouffant de rire, ravies d'avoir attiré l'attention d'un garçon « plutôt pas mal ». Gentiment, elles m'indiquent l'hôpital Notre-Dame-des-Douleurs, où l'on me dirige vers des personnes âgées ou handicapées qui ont besoin de mes services. Je suis heureux de dépenser mon énergie pour les emmener sur les différents sites du sanctuaire, ce qui me permet aussi de prier et d'aller à la messe. La tâche n'est pas toujours de tout repos.

Dans mon élan, j'ai même accepté de transporter une dame de forte corpulence à la chapelle des Confessions, au bout d'un chemin très pentu, près de la basilique. Je m'étais bien juré, au début de mon séjour, de ne pas accepter le moindre pourboire. Vaillamment, j'ai commencé l'ascension mais, à mi-parcours, les forces m'ont manqué et j'ai failli trébucher. J'imaginais la malheureuse, laissée à l'abandon, dévalant la pente à toute vitesse... Elle m'a glissé une pièce et j'ai craqué : je suis allé m'offrir à boire.

Le soir, justement, après avoir crapahuté toute la journée, nous allons prendre quelques verres et nous détendre. À l'hôtel, j'ai fait connaissance avec un garçon que tout le monde surnomme Riton. Un soir, en remontant vers notre chambre, nous croisons deux filles, le nez collé à la vitrine d'un magasin de souvenirs. Je les interpelle, tout sourires, en leur disant qu'elles logent dans le même hôtel que nous. Effectivement, j'ai reconnu les deux copines du premier jour. Excellente entrée en matière pour les inviter à boire un pot... À vrai dire, j'avais déjà remarqué l'une des deux, dont les cheveux m'avaient paru magnifiques. Je crois que je suis aussitôt tombé amoureux de cette chevelure châtain foncé avec de beaux reflets blonds. À partir de ce moment-là, nous nous sommes retrouvés chaque soir tous les quatre, pour discuter, rigoler et faire connaissance. Comme il me reste tout de même quelques traces de mon passé, je fais croire aux filles que j'ai mon bac et que j'entre dans une école de commerce. Ce n'est pas l'exacte vérité... Le séjour avançant, je commence à être sérieusement amoureux de Blandine — la fille aux cheveux châtains —, mais je vis plutôt mal de la voir toujours flanquée de sa copine. Je n'ai rien contre Bérénice, au contraire, mais j'ai envie de me retrouver seul avec Blandine. Pour l'heure, c'est impossible.

Vient alors le 15 août, veille de notre départ. Maugréant contre le sort qui contrarie mes projets, je décide d'aller brancarder avec d'autres jeunes. Et notamment une autre Blandine, avec laquelle j'ai passé toute la journée. Néanmoins, j'avais donné rendez-vous à Blandine, la première, et à sa copine après la procession des flambeaux. J'avais bien en tête qu'il fallait que je déclare ma flamme. Maintenant ou jamais ! Or, j'étais amoureux comme je ne l'avais jamais été. Moi, le tombeur fou, je l'ai draguée avec la légèreté d'un semi-remorque, en lui donnant plusieurs coups de pied sous la table ! Je lui faisais mal et elle était très gênée.

Sans le savoir, mon copain Riton est venu à ma rescousse en se plaignant de ses compagnons de chambre, dont les ronflements intempestifs l'empêchaient de dormir. Je lui propose aussitôt de prendre ma place, tandis que je dormirai dans sa chambre, qui jouxte celle de Blandine et de Bérénice. Seulement, à la fin de la soirée, Blandine se prend de pitié pour moi et pour mes oreilles. « Viens dans notre chambre, on va t'installer un lit de camp », me dit-elle en toute innocence. Pendant que Bérénice se préparait dans la salle de bains, j'ai attiré Blandine vers moi et j'ai essayé de l'embrasser. Elle a commencé par refuser, mais je lui ai dit « Je t'aime » avec une sincérité inédite pour moi, et j'ai posé mes lèvres sur son cou. Elle a ouvert les bras et nous nous sommes étreints très fort avant de nous embrasser avec beaucoup d'amour. Lorsque Bérénice est sortie de la salle de bains, elle nous a surpris dans un fougueux baiser. Avec Blandine, nous avons passé une bonne partie de la soirée à discuter, assis dans des fauteuils, dans le couloir, au dernier étage de l'hôtel. Ce moment m'a marqué parce qu'il contenait une réelle tendresse, une joie sincère : pour la première fois de ma vie, j'étais vraiment amoureux. J'avais honte de lui avoir menti, parce que j'avais l'impression de lui devoir la vérité… À peine lui ai-je avoué que je suis en classe de seconde et non pas en terminale qu'elle m'interrompt doucement en me confiant qu'elle a quatorze ans et demi. Avec son physique de jeune fille, elle en paraissait facilement quatre de plus. À ce moment-là, j'enlève de mon cou la médaille et la chaîne de baptême que je porte à nouveau depuis ma confession dans le Morvan. Je demande à Blandine de la garder. À son tour, elle me donne le pull que lui a prêté son père avant de partir. C'était magnifique, parce que je pouvais sentir l'odeur et le parfum de celle que j'aimais déjà. Je crois bien que nous avons passé une partie de la nuit à discuter, main dans la main, avant de nous endormir, côte à côte, dans la chambre. À Lourdes, cette scène pouvait avoir quelque chose de choquant mais, pour une fois, je ne donnais pas dans la provocation gratuite de l'adolescent en révolte. J'étais sincèrement amoureux de Blandine.

Hélas, notre vie de tourtereaux est éphémère. Le lendemain de notre rencontre, le pèlerinage prend fin, nous obligeant à regagner nos pénates respectives. Je dois partir rejoindre mes parents en vacances chez l'un de mes oncles à Saint-Jean-de-Luz. Je laisse à Blandine mes coordonnées sur un bout de papier, elle me donne les siennes en les paraphant d'une simple initiale « B ». Quelques heures plus tard, le trou noir ! Je ne me rappelle plus son prénom quand, sur le quai de la gare, j'aperçois Blandine… la seconde, en compagnie de laquelle j'avais passé le 15 août. Une seule solution : lui demander comment elle s'appelle car je me souviens qu'elles ont le même prénom !

Loin d'elle

Je suis amoureux ! Ce sentiment tellement nouveau me fait chavirer la tête et le cœur. Ma tendance fleur bleue, avec tout ce qu'elle comporte d'absolu et d'idéalisme, se révèle au grand jour. Dans deux ans, nous scellerons nos fiançailles, suivies du mariage douze mois plus tard. Dans mon esprit, le projet fait déjà figure de réalité. J'oublie simplement nos âges respectifs. J'ai dix-sept ans et demi ; Blandine, quatorze ans et demi. Le projet relève de la pure utopie, mais je suis fermement persuadé qu'il se concrétisera. J'ai besoin de sentir Blandine à mes côtés. Loin d'elle, je sens bien que mes anciens travers peuvent resurgir à tout moment. Le mensonge, le désir de voler mais aussi les fantasmes sexuels reviennent à la surface. Quand j'arrive à Saint-Jean-de-Luz, mon oncle me propose de travailler au golf et de porter ses clubs et ceux de ma tante. Pour me rétribuer, il me donne le choix entre des cours de planche à voile ou une somme d'argent. Ma décision est vite prise car je n'ai qu'un désir : m'acheter un billet de train pour rejoindre Blandine à Lyon. Pourtant je cède de nouveau à la tentation du vol et je subtilise des balles de golf à mon oncle. Quand il m'a surpris, j'ai eu la honte de ma vie. Je crois que je n'ai plus jamais rien volé depuis ce jour-là…

Je sens qu'avec Blandine je pourrais construire sur le long terme, malgré les cinq cents kilomètres qui nous séparent. De retour à la maison dans la région parisienne, je m'en vais raconter mes aventures à mon amie Marine, la seule fille avec laquelle j'ai des relations désintéressées mais qui n'ignore rien de mes antécédents.

« Marine, j'ai rencontré la femme de ma vie. » Grand éclat de rire. « Et quel âge a-t-elle ? Quatorze ans et demi. » Nouvel éclat de rire, qui se prolonge lorsqu'elle apprend que Blandine habite à Lyon… Pour elle, l'éloignement annonce une rupture, aussi prochaine qu'imparable. Dominique, mon frère, manifeste le même scepticisme. Je ne l'ai guère habitué à la constance sentimentale ! Pourtant, avec Blandine, nous avons de fréquentes communications téléphoniques, notre correspondance s'étoffe également de jour en jour. Grâce à l'argent gagné pendant les vacances, j'achète mon billet de TGV pour Lyon où ses parents me reçoivent dans un bel appartement bourgeois du centre-ville, non loin des rives de la Saône. L'accueil est d'autant plus chaleureux que son père pense que je suis le petit ami de Bérénice, la copine de

Blandine ! Il n'imagine pas une seule minute que je puisse entretenir une relation avec sa fille. Jusqu'à la fin du week-end où sa femme et lui comprennent vraiment que nous sommes amoureux l'un de l'autre.

Ce premier amour marque le début d'une transformation intérieure qui se poursuit au fil des mois. La première étape de ce cheminement personnel ne tarde pas : elle intervient lors de notre deuxième rencontre. Cette fois, nous sommes seuls, libres de faire ce que nous voulons. Prétextant auprès de mes parents une chasse à courre chez des amis, je vais à Lyon chez Blandine. Ses parents sont partis à Paris pour le rassemblement national d'un mouvement de spiritualité chrétienne. Mes expériences passées auraient dû me conduire à me précipiter sur Blandine dès le premier soir, comme je l'aurais sans doute fait auparavant. Le samedi soir, nous voilà donc confrontés à la question : comment allons-nous dormir ? Nous avons partagé le même lit, l'un à côté de l'autre, mais je ne l'ai pas touchée. Cela me semblait le fondement essentiel d'une relation d'avenir.

Les aventures que j'avais connues avant Blandine ne m'avaient conduit à rien. Au contraire, elles m'avaient détruit et avaient contribué à détruire les filles que j'avais séduites. Trop vite, la relation physique avait pris le pas sur le dialogue et était devenue l'unique objectif de la rencontre. Avec Blandine, nous avons décidé de ne plus dormir dans le même lit pour ne pas créer une tentation beaucoup trop forte, tout comme nous avons choisi ne plus nous voir sans l'accord de nos parents afin de ne pas bâtir notre relation sur le mensonge. Avec Blandine, nous avons vécu tous les deux cette décision comme un gage de confiance extraordinaire, d'autant que cette confiance s'est propagée dans mes rapports avec mon père.

Jusque-là, il n'était pas au courant de notre relation. Intrigué par mes allers-retours à Lyon, il m'emmène, un jour de novembre, faire un tour dans un parc. C'est la première fois que nous avons une discussion tous les deux, loin du salon familial qui a été le théâtre de tant d'engueulades.

« Jérôme, j'ai une question à te poser. Il y a quelque chose que je ne comprends pas. C'est la première fois que je te vois faire du baby-sitting, économiser de l'argent, ne pas le dépenser, et, en plus, tu gardes cet argent pour aller à Lyon. Que vas-tu y faire ? »

Cette fois, je lui ai dit la vérité, alors que j'avais eu tendance à toujours mentir pour ne pas essuyer ses refus quasi systématiques. Mon père a compris les sentiments que je ressentais. Mieux, il les a acceptés. Soyons juste : les nobles origines lyonnaises de ma future épouse ont sans doute un peu aidé à la compréhension… Et Blandine a pu venir à la maison, après des années d'interdiction de séjour pour mes amis. Elle a été reçue de façon extraordinaire, mon père étant tombé sous son charme !

Malgré ces bons auspices, notre relation se heurte à de vrais obstacles matériels. Comment entretenir la flamme quand des heures de route séparent les deux amoureux ? Il y a bien le téléphone mais les factures de nos parents ont commencé à gonfler de manière démesurée pour atteindre la somme de quatre mille cinq cents francs (de l'époque…) tous les deux mois. Bien sûr, j'avais mis au point des stratagèmes extrêmement élaborés pour déjouer la vigilance de mon père. Je savais comment appeler sans provoquer de bruit au moment où je décrochais le combiné car nous possédions un vieux téléphone à cadran. J'arrivais aussi à le faire sonner pour que mes parents pensent que Blandine ou quelqu'un d'autre m'appelait. Je raccrochais et, ensuite, j'appelais dans la foulée pendant trente ou quarante-cinq minutes. Mais, avec Blandine, nous n'avions plus envie de tricher : nous avons décidé de nous téléphoner une fois par semaine et de nous écrire tous les jours. Début du calvaire… Ce fut tellement dur que j'en avais des crises d'angoisse. Je pleurais, je faisais des cauchemars. Parfois, je me réveille encore la nuit en sursaut en m'écriant : « Elle ne m'a pas téléphoné depuis quatre mois et, moi non plus, je ne l'ai pas appelée. Est-ce qu'on s'aime encore ? Est-ce qu'on va se marier ? » Aujourd'hui, je déteste dire au revoir à quelqu'un sur le quai d'une gare. Je ne supporte pas d'entendre la sonnerie annonçant la fermeture de la porte d'un TGV. Je l'ai trop entendue…

Tous les soirs, en rentrant des cours, je me précipite à la boîte aux lettres pour voir si j'ai une lettre. Les grèves de La Poste me rendent malade. Pour me rapprocher d'elle, j'ai imaginé un système d'enregistrement de cassettes : quand je fais du baby-sitting chez mon frère, j'en profite pour utiliser son radiocassette, et je parle ainsi à Blandine. Je lui envoie ensuite les cassettes et elle se livre au même exercice. Nous enregistrons aussi nos morceaux de musique préférés, en particulier ceux que nous avons écoutés ensemble à Lourdes : Elton John, Phil Collins, Police ou Joe Cocker. Cette organisation nous a permis de supporter les longues périodes de six semaines qui s'intercalaient entre nos visites.

Tortures mentales

Ma fragilité affective n'a pas disparu. Mis à mal par les premières années de mon adolescence, mon équilibre psychologique demeure instable et mon moral reste largement dépendant des événements extérieurs. Signe de mon malaise intérieur, je continue à provoquer mon père et la situation recommence à se dégrader inéluctablement. Plus que jamais, je suis à la recherche de points de repère forts que je réclame de façon toujours aussi maladroite et détournée. Et lorsque je crois m'être attaché fermement à cette armature dont j'ai tant besoin, elle vacille de nouveau sous le poids de mes interrogations au moment où je m'y attends le moins. Durant l'été 1985, je suis tout à la joie de fêter avec Blandine le premier anniversaire de notre rencontre et de partager, pour l'occasion, notre première semaine de vacances en commun. Les parents de Blandine ont accepté de nous réunir à condition que nous participions avec eux à une session à Paray-le-Monial. Le nom de cette bourgade de Saône-et-Loire m'est totalement inconnu et j'ignore ce que nous allons y faire. Dans la voiture, peu avant notre arrivée, Blandine se penche vers moi.

« Dis donc, Jérôme, tu connais les charismatiques ? Tu vas être un peu surpris parce qu'ils sont très expressifs et extravertis. »

Les charismatiques ! Je ne connaissais pas cette nouvelle race de croyants, d'autant moins que le catholicisme de ma paroisse n'avait rien d'expressif ni d'extraverti...

Le choc est brutal ! Je découvre de l'intérieur une session de l'Emmanuel, l'une de ces communautés nouvelles apparues au sein de l'Église dans le courant des années soixante-dix. Composées de prêtres et de laïcs, elles développent une spiritualité dont le point d'ancrage est l'affirmation de la foi, notamment à travers de nombreuses actions d'évangélisation souvent menées dans des lieux publics plutôt inattendus. Il faut, disent les communautés nouvelles, aller « porter la Bonne Nouvelle » là où se trouvent les hommes. Dans les entreprises, dans les bars et même sur les plages de la Côte d'Azur... Inspirées du mouvement pentecôtiste américain, leurs méthodes tranchent avec les homélies des prêtres de ma paroisse. Vivantes et démonstratives, les célébrations appellent la participation tout entière des fidèles, de la voix et du geste. Ébahi, mal à l'aise, je me demande vraiment si je n'ai pas atterri dans une secte. Cette semaine de vacances prend les allures d'un calvaire. Je n'ai qu'une idée en tête : être en compagnie de ma future femme, et je dois subir une série de messes ponctuées de chants interminables. Les gens me semblent totalement illuminés, je suis déstabilisé. Et mon trouble se transforme en rage quand je suis pris à parti par un jeune homme, au détour d'une allée. Nous voyant marcher main dans la main avec Blandine, il nous apostrophe.

« Mais qu'est-ce que vous faites ? Vous n'êtes pas là pour être ensemble. Vous êtes là pour Dieu. »

Immédiatement, je commence à m'énerver.

« Dis, coco, ça fait un an qu'on est ensemble, c'est ma fiancée. Qu'est-ce que tu viens nous emmerder, là ? »

Durant toute la session, j'ai affiché une mine de croque-mort. Sur le plan intérieur, cette session me torture parce que je me vois sommé de relever un défi fondamental : mettre Dieu en premier dans ma vie. Or, je n'ai pas résolu mes problèmes de fantasmes et je traîne une culpabilité dont je ne suis toujours pas libéré. À la fin de la semaine, je suis heureux de me retrouver seul avec Blandine mais le départ est un déchirement. Dans le train, j'ai pleuré à chaudes larmes, bouleversé par la séparation et par le choc de cette session à laquelle je n'avais pas été préparé.

Dans mon esprit, tout redevient confus. Ma foi, si fragile, a été ébranlée. De nouveau, je quitte la maison et l'ambiance familiale pour Paris : je loge dans une petite chambre au fond d'un jardin dans le XVIIe arrondissement, près de la rue de Lévis. En échange, je garde deux petites filles que je vais chercher tous les après-midi à l'école. Je m'occupe de leurs devoirs, je leur donne des leçons de solfège et de piano.

Aux vacances de la Toussaint, Blandine vient me voir. Je ne me sens pas bien, torturé par des angoisses nées de la longue séparation depuis l'été. Je ne m'aime pas, et je suis persuadé qu'elle ne peut pas m'aimer. Je me dis que je suis un mec tordu, déséquilibré, incapable de la rendre heureuse. Sur le plan sexuel, je me juge pervers, indigne d'elle et de sa beauté.

Au cours d'une soirée chez mes parents, mes amis font la connaissance de Blandine et s'avouent enthousiasmés. Une fois encore, le charme a opéré. Mais cela ne suffit pas à chasser mes idées négatives, à tel point que je sollicite une discussion avec celle qui m'avait fait chavirer le cœur un an plus tôt. « Blandine, je ne sais plus si je dois t'épouser. Je me demande si je ne suis pas fait pour être prêtre, davantage que pour me marier. » Ces propos ne sont pas le fruit du hasard : ma mère m'avait raconté qu'elle avait consulté une voyante qui lui avait prédit que je ferais des homélies célèbres. Prisonnier de cette vision, je me dis que, peut-être, je suis appelé à la prêtrise. Blandine est en larmes. Ma déclaration provoque un séisme qui nous éloigne brutalement l'un de l'autre. Mon indécision lui est une torture. Que peut-elle répondre à ce garçon qu'elle aime mais qui lui dit qu'elle ne correspond pas à ses attentes profondes ? Au nom de quel principe peut-elle le convaincre de se détourner de ce qu'il présente comme sa vocation ? Elle en veut à Dieu, et à la terre entière. Quand je m'approche d'elle pour la consoler, elle me repousse violemment.

« Je ne veux pas être un obstacle entre toi et Dieu ! »

Le cauchemar absolu…

Son séjour parisien se termine là, alors qu'il devait se prolonger durant trois jours. Dès le lendemain, elle repart pour Lyon, sans même m'embrasser sur le quai de la gare. Elle a pleuré tout au long des deux heures du trajet. Moi aussi, je suis en larmes, essayant de me convaincre du bien-fondé de ma vocation sacerdotale. Le lendemain, à la messe, je rencontre des amis qui m'abordent en me parlant aussitôt de Blandine.

« Elle est géniale, cette fille. Vous allez si bien ensemble. C'est incroyable comme vous êtes faits l'un pour l'autre. » Les sanglots me montent à la gorge. « Mais qu'est-ce que je suis con ! Ils ont raison, je suis en train de me prendre la tête, de m'enfermer dans un truc insensé. » Ou comment j'ai évité, *in extremis*, de construire mon malheur, en passant à côté du bonheur qui me tendait les bras… Une amie m'ayant prêté deux mille francs pour passer mon permis de conduire, je vais chercher cette somme. Et je saute dans un taxi pour Paris où je prends le premier TGV à destination de Lyon. Là-bas, je file chez les parents de Blandine. Personne ! J'apprends, par le fils des voisins, que Blandine est partie avec eux dans leur maison de campagne. Je rassemble mon courage et je téléphone. J'ai très peur qu'elle ne veuille plus jamais entendre parler de moi.

« Bien sûr que je veux t'entendre. Mais où es-tu ?

— Je suis à Lyon, chez tes voisins. Je voulais te dire que je me suis trompé. Je t'aime, je veux faire ma vie avec toi. »

Et je lui ai demandé si je pouvais la rejoindre en vacances. Quelques heures plus tard, elle est venue me chercher à la gare.

Dans le monde des adultes

Désormais, il me faut construire un projet avec Blandine. Poser les fondations de cette vie commune qui s'annonce et dont nous avons tellement rêvé tous les deux. Jusqu'à présent, mes premières tentatives d'autonomie financière ne se sont pas soldées par de merveilleux succès. Quand Blandine me rendait visite, le week-end, alors que j'avais pris mon indépendance à Paris, il m'arrivait souvent de ne rien avoir à lui offrir. Le frigo restait désespérément vide et les dîners aux chandelles, avec nouilles et boîtes de conserve, manquaient singulièrement de romantisme ! Après le temps de la révolte et de la contestation tous azimuts, je perçois peu à peu que le temps de l'action est venu, comme disent les hommes politiques une fois arrivés au sommet du pouvoir. L'épisode de la vocation sacerdotale m'avait fait acquérir une maturité supplémentaire. Si nous avions surmonté cette épreuve, nous pourrions vaincre toutes les autres. J'ignorais encore celles qui m'attendaient !

Je tiens absolument à réussir la troisième année de mon école de commerce et à obtenir mon bac. Durant l'été 1986, je dois passer mes premières (vraies) vacances avec Blandine : une semaine en Espagne avec mes futurs beaux-parents ! Mais il me faut attendre dix jours, épreuve totalement insurmontable et injustifiée à mes yeux. Sans prévenir personne, j'enfourche mon vélo pour aller la rejoindre. Mon itinéraire s'était ménagé une petite étape dans le Morvan, là où j'avais connu le prêtre qui m'avait libéré. En réalité, j'ai pris le train jusqu'à Montargis puis j'ai roulé à un tel rythme que j'ai accompli en trois jours ce que je comptais effectuer en dix. Quand je suis arrivé chez elle, cinq jours plus tôt que prévu, j'ai été accueilli à bras ouverts. Efficace moyen pour rester quelques jours supplémentaires chez ma bien-aimée…

Ma dernière année d'études, de retour chez mes parents, se déroule dans une ambiance bien différente, marquée par le retour de la prière en famille le soir, à ma demande. Peu à peu, je retrouve mon équilibre sur le plan spirituel : la messe le mercredi soir avec mes parents, une participation active au sein de l'équipe d'animation de la paroisse. Je suis entré dans un mouvement de spiritualité, les Équipes Notre-Dame jeunes, qui m'aide beaucoup, et je peux compter sur la solidité morale d'amis de confiance. Seulement je suis toujours prisonnier de mes fantasmes sexuels, sans parvenir à en parler, en particulier à Blandine. Elle est au courant de ma vie d'adolescent, de mes relations sexuelles passées, mais elle ne sait rien des images qui défilent dans mon esprit.

À la fin de l'année, mes résultats scolaires font mentir tous les pronostics. Personne ne pensait que je réaliserais le doublé — école de commerce et baccalauréat —, et pourtant l'erreur a été collective : j'ai réussi les deux examens ! Apprenant la nouvelle, mon père saute de joie et me prend dans ses bras. Blandine a elle aussi décroché son bac cette année-là et nous avons passé un été de rêve.

L'hiver fut moins radieux : idéalisant l'armée et sans doute pour imiter un de mes frères aînés, j'avais voulu faire mon service militaire chez les chasseurs alpins. Plutôt que de crapahuter dans la neige, j'avais surtout envie de rejoindre Blandine et de vivre avec elle. Le 20 décembre 1987, nous nous fiançons. Seulement, nous nous sommes crus mariés et le père de Blandine a compris qu'il fallait avancer la date du mariage. Pour une raison que mon père a vite devinée lorsque nous sommes venus lui annoncer la nouvelle date de la cérémonie.

« Vous vous mariez plus tôt parce que Blandine est enceinte.

— Non, elle n'est pas enceinte. »

En réalité, nous étions sincères, avant de découvrir, au cours du week-end même, que Blandine attendait bien un enfant. Nous aurions souhaité patienter jusqu'à notre mariage pour nous donner l'un à l'autre. Mais le temps nous avait paru si long que nous avions craqué !

Si cette grossesse nous rend heureux, elle n'efface pas quelques peurs, liées à la réaction de notre entourage, mais aussi à notre propre jeunesse. Soudain, nous quittons le monde de l'enfance pour entrer dans l'univers de la responsabilité parentale, de l'éducation des enfants, alors que nous ne sommes nullement préparés à ce rôle. Tout se bouscule : je termine mon service militaire en juillet, je me marie trois jours plus tard et, deux semaines après, je commence à travailler.

Le 30 juillet 1988, c'est le jour du mariage, après quatre années d'attente ! Sur les photos de l'époque, je ressemble furieusement à James Dean. Ce sont les femmes qui le disent ! Avec mes airs de rebelle, je suis encore très jeune… Pour notre vie de couple, ce jour est fondamental parce que nous scellons deux engagements essentiels : nous rester fidèles, jusqu'à ce que la mort nous sépare, et élever nos enfants dans la foi. Plus prosaïquement, nous sommes aussi heureux de pouvoir dormir ensemble et de mener la vie affective d'un couple classique après quatre ans de longue patience. Le lendemain du mariage, nous prenons la route à bord de la 304 décapotable que nous a prêtée mon beau-père. Nos changements d'itinéraire au cours du voyage de noces témoignent de notre immaturité complète de jeunes mariés. Brutalement, alors que nous roulons vers l'Auvergne, nous mettons le cap sur l'Italie. Direction Turin où nous arrivons à deux heures et demie du matin. Là, un restaurateur nous sert une pizza en prenant bien soin de se « tromper » dans le calcul des lires. Nous sommes complètement perdus : c'est la première fois que nous possédons vraiment de l'argent. Du coup, nous reprenons immédiatement la route pour Chambéry, théâtre inattendu de notre deuxième nuit conjugale. Le lendemain, nous repartons finalement vers l'Auvergne où nous endurons une pluie continue pendant deux jours. Résultat ? Nous avons fini notre voyage en Espagne sous une tente de camping car il n'y avait plus de place chez les parents de Blandine… Une semaine plus tard, nous sommes rentrés dans le Beaujolais. Et nous avons acheté nos premiers Compact Discs avec l'argent que nous n'avions pas dépensé dans les pizzerias italiennes…

Un petit coq ambitieux

Nous voilà plongés dans la « vraie » vie : moi et mes vingt et un ans, tout juste sorti de ma petite école de commerce ; Blandine et ses dix-huit ans, déjà mariée et enceinte, alors que toutes ses copines passent le bac ou entament leurs études supérieures. Ensemble, nous effectuons nos premiers pas d'adultes à Auxerre, dans l'Yonne, où j'ai obtenu un travail dans une compagnie d'assurances et où nous habitons une petite maison louée par mon beau-père. Nous ne connaissons personne et nous devons aussi apprendre à nous connaître, Blandine et moi. Expérience salutaire mais décapante tant la découverte de la vie à deux oblige à confronter ses égoïsmes et à tenir compte de l'avis de l'autre… Jusque-là, cette disposition d'esprit ne m'était pas franchement habituelle ! La question des fantasmes et de la vie sexuelle solitaire se fait de nouveau plus présente. Pour la première fois de ma vie, je dois essayer de rendre heureuse, affectivement et sexuellement, la femme que j'aime. Mes peurs anciennes réapparaissent. Certes, je suis heureux de vivre avec Blandine dans cette maison où nous sommes bien, même si les chambres du rez-de-chaussée sont un peu humides. Mais je suis confronté à une réalité, toute quotidienne, que je n'avais jamais connue. Je pars travailler aux petites heures du matin et je rentre tard le soir, fatigué de ma journée. Sur le plan professionnel, les débuts sont rudes : mes études à l'école de commerce ne m'ont absolument pas préparé à ce que j'expérimente sur le terrain. Et l'objectif que je me suis fixé — devenir à trente ans le directeur commercial d'une entreprise de renom — relève du domaine des chimères. Plus que jamais, je veux ressembler à mon frère Dominique dont la réussite, à la seule force du poignet et de la volonté, est un modèle incomparable. Au fond de moi, un deuxième moteur s'est mis en marche, prêt à rugir pour me faire brûler les étapes. La soif de reconnaissance me pousse à prendre ma revanche sur un entourage familial qui n'a pas cru en moi. Sans en avoir conscience, je veux conquérir ma place dans ce milieu qui m'a fait souffrir et que je rejette pour une grande part. Cependant, j'ai bien du mal à canaliser cette énergie qui me fait tourbillonner dans tous les sens. Pour un piètre résultat : mes premiers mois de commercial aux AGF sont catastrophiques. Je suis capable, au mépris de toute stratégie commerciale rationnelle, de rouler pendant quatre heures pour aller à un rendez-vous qui se révèle dangereusement improductif. Je ne vends rien. Mon salaire commence à diminuer parce que au bout du premier semestre je ne perçois plus qu'un petit fixe, assorti d'éventuelles commissions. Le soir, je rentre épuisé, alors que Blandine n'attend que mon arrivée, et je suis accaparé par l'angoisse de ne pas être à la hauteur sur le plan sexuel. Heureusement, les quatre ans de fiançailles nous ont fortifiés et les épreuves endurées en commun nous ont aidés à surmonter ces difficultés. Seulement, il nous reste encore beaucoup à apprendre. Par exemple, nous n'avons aucune notion en matière de gestion d'un budget familial. Comme elle se souvient que sa mère retirait mille francs au distributeur bancaire, Blandine fait la même chose en toute innocence, sans se demander si le compte est approvisionné. Je suis tout aussi immature, les vols de ma jeunesse m'ont fait perdre la valeur de l'argent. Je confonds mon salaire avec les remboursements de mes notes de frais, j'achète une voiture alors que je n'en ai pas les moyens. Au bout d'un an, nous sommes endettés de cinquante mille francs et je me retrouve… au chômage. Car les AGF m'ont fait comprendre qu'il fallait mettre fin à cette aventure calamiteuse : en un an, j'ai réalisé dix contrats. Sacrée claque pour le sale gamin qui se prenait au sérieux et affichait une fierté indéfectible ! Le deuxième revers n'allait d'ailleurs pas tarder. Parvenant, lors des entretiens, à vendre mes mérites avec une certaine efficacité — au-delà même de mes compétences réelles —, j'ai décroché un emploi en Alsace dans la fabrique de biscuits d'un grand groupe alimentaire. Mais je craque moralement avant même le terme légal de la période d'essai de deux mois. J'ai fait l'erreur de vivre seul à l'hôtel, Blandine étant partie en vacances chez ses parents avec Jérémy, notre premier enfant, né au début de l'année 1989. Mon supérieur hiérarchique, un homme de cinquante-huit ans en fin de carrière, est la copie conforme de mon père : dirigiste, autoritaire et ne prodiguant pas le moindre encouragement. Il souligne au feutre rouge chaque rapport que j'envoie, accompagnant ses traits rageurs de remarques désagréables. La méthode produit les mêmes effets qu'au cours de mon adolescence : renvoyé à mon incompétence, accusé de nullité, je manifeste des symptômes identiques. Je suis anéanti, incapable de réagir. Je donne ma démission alors que nous avions commis l'imprudence de déménager à Strasbourg avant la fin de la période d'essai. Quinze jours après notre arrivée, nous remballons nos cartons. Les parents de Blandine prennent les choses en main : ils nous prêtent une maison dans le Beaujolais, clôturent notre compte bancaire, soldent le découvert de cinquante mille francs... puis nous tendent un billet de banque :

« Voilà cinq cents francs, vous devez vivre dix jours avec cette somme. »

Rien de tel pour apprendre à gérer ses finances… et y parvenir.

Cet échec professionnel porte un sérieux coup à mon orgueil. Encore une gifle retentissante. Dans mon entourage familial, ces déboires à répétition ont dû faire sourire tous ceux que j'agaçais durant ma jeunesse, avec ma fierté de petit coq, ma manie de me mêler de tout et de donner mon avis sur n'importe quel sujet. Précisément, en prenant la parole à tout propos, en m'agitant dans tous les sens, je cherche sans cesse à gagner la reconnaissance de ma famille : je veux être à la hauteur de mon père, de mes oncles, du père de Blandine. Tous possèdent une bonne assise dans la vie. Je veux réussir, comme ils l'ont fait avant moi. Plus que la fortune financière, c'est la trajectoire ascendante qui prime à leurs yeux. Je veux aussi être digne de la confiance que m'a accordée Blandine en m'épousant, je veux lui montrer ma capacité à devenir un mari et un père qui peut subvenir aux besoins de sa famille. Après les mésaventures d'Auxerre et de Strasbourg, elle m'a soutenu, encouragé, sans jamais chercher à m'humilier, ni me rabaisser. Notre famille nous a aussi beaucoup aidés à prendre un nouveau départ. Alors, comme tout le monde, je me dirige vers l'ANPE. Et je décroche un contrat en alternance : une formation à l'école supérieure de commerce de Lyon, prodiguée par des professeurs de l'école et des vendeurs de la société IBM, et un poste chez un distributeur agréé IBM à Chalon-sur-Saône. Dans une ambiance très sympa — je me trouve en compagnie d'autres jeunes, tous en contrat de qualification, comme moi —, j'apprends les techniques de vente qui m'ont tant manqué dans mon premier poste. Je les ai si bien assimilées que je suis embauché dans l'entreprise où j'ai effectué mon stage, la filiale informatique d'une grande compagnie d'assurances. On me charge de prospecter sur un marché en éclosion : l'informatisation des garages automobiles. Mes talents commerciaux commencent à poindre ! Je vends de nombreuses solutions informatiques aux garagistes de la région et termine major de ma promotion. Quatre mois après notre retour dans le Beaujolais, chez mes beaux-parents, nous nous installons dans un petit appartement à Chalon-sur-Saône. Nous voilà totalement autonomes sur le plan financier ! Ce n'est pas le grand luxe, les toilettes sont sur le palier, mais il nous faut partir de très bas pour nous assumer totalement. Je n'ai pas abandonné mon ambition de réussir dans le domaine de la vente et d'obtenir un poste de directeur commercial. Le besoin de reconnaissance, dont je n'ai pas conscience à l'époque, l'emporte sur toute autre considération.

Bientôt, une augmentation de salaire nous autorise à déménager pour un appartement plus grand. Nous sommes d'autant plus contents que Quentin, notre deuxième enfant, pointe le bout de son nez. Ses premiers pas dans le monde vont se révéler plus difficiles que prévu. Au troisième jour, la nécessité d'une intervention chirurgicale contraint les médecins à séparer Blandine de son bébé. Elle qui s'était occupée de nourrissons placés sous bulle au cours de son adolescence à Lyon souffre beaucoup d'être confrontée à son tour à cette situation. Heureusement pour Quentin, il ne s'agit que d'une opération du tube digestif. Mais cette épreuve nous a sensibilisés à la fragilité d'une naissance lorsque nous apprenons la mort brutale et inexpliquée, à l'âge d'un an, de ma filleule Alexia, la fille d'un couple d'amis dont nous sommes très proches. Je n'oublierai jamais la messe d'enterrement. Réunis autour du petit cercueil blanc, nous prions en entourant les parents qui doivent supporter l'inexplicable.

Quelques mois plus tard, lorsque le papa d'Alexia est nommé à Lyon, cela nous donne vraiment envie de quitter Chalon-sur-Saône pour nous rapprocher d'eux. Professionnellement, je cherche aussi un poste qui m'offrirait une possibilité d'évolution et une meilleure rémunération. Je le déniche quand mon entreprise refuse ma démission et me propose un poste de chef d'agence à Lyon. Un bien pour un mal ! Nos erreurs de jeunesse font leur réapparition. Cette fois, nous emménageons dans un appartement dont le loyer est bien trop élevé pour nos moyens. De même, j'ai accepté un poste qui ne me convient pas. L'envie de réussite m'aveugle, me poussant à grimper les échelons sans le moindre discernement. L'objectif primordial est de parvenir au sommet le plus rapidement possible. Dans quel dessein ? Pour quels projets constructifs ? Au nom de quels principes fondateurs ? Ces questions ne m'effleurent pas un seul instant. Non pas que je les rejette, mais elles ne font nullement partie de mes préoccupations. Il me faut avancer, sans prendre conscience que cette course effrénée ne s'est pas fixé de terme, encore moins de limites. Quant à la dimension spirituelle, elle a déserté le champ de ma réflexion. Je ne pense même pas à l'intégrer dans les paramètres qui comptent dans mes choix de vie. Pour devenir chef, j'aurais renoncé à ma vie de famille, j'aurais écrasé tous ceux qui croisaient mon chemin, sans oublier de me prendre pour le nombril du monde. Les conséquences sont radicales ! À force de stupidité et d'autoritarisme, je fais le vide autour de moi : au bout de quatre mois, l'ensemble du personnel a quitté l'agence. Insatisfait du travail de mes commerciaux et de leur rapidité à réaliser des affaires, je conclus les marchés à leur place. Alors, évidemment, mon salaire a augmenté de façon sensible mais je n'ai plus d'employés… En matière de pédagogie et d'esprit d'ouverture, je détiens la palme ! Ce nouveau revers me démoralise et mes performances s'en ressentent aussitôt. Comme l'envie de vendre m'a quitté, je n'obtiens plus de bons résultats. Certains mois, ma faible rémunération fixe ne suffit pas à honorer le loyer de l'appartement. Mon instabilité psychologique est le prix à payer pour ces années d'adolescence durant lesquelles je ne me suis pas construit. Peut-on vraiment s'étonner que les échecs retentissants s'accumulent ?

Après avoir abandonné mon poste de responsable de l'agence de Lyon, je postule dans une entreprise de Chalon-sur-Saône, l'un de mes anciens clients. Tout salarié qui se respecte manifeste la plus élémentaire modestie quand il accomplit sa période d'essai chez un employeur. Moi, dès le premier jour, j'exige de devenir directeur des ventes. À la fin de la période légale de trois mois, mon patron me prie d'assouvir ailleurs mes ambitions démesurées. Et de retourner dans la maison du Beaujolais où mes beaux-parents nous ont, de nouveau, accordé refuge. Heureusement que je partage la vie de Blandine, dont le soutien et l'amour restent intangibles malgré mes tocades et mes baisses de revenus. Elle supporte les crises caractérielles de son mari, affrontant les aléas de la vie avec un courage tranquille qui m'impressionne. Elle n'est jamais tombée dans le piège de la société de consommation, alors que je m'y suis précipité la tête la première : mon éducation m'a habitué à porter des vêtements de marque et je n'ai de cesse que je ne porte des chaussures à la mode ou des costumes de luxe à des prix prohibitifs. Un ami proche, le père d'Alexia, m'aide à me réorienter sur le plan professionnel, en me faisant comprendre qu'un emploi dans une grande entreprise est peut-être préférable à un poste à responsabilité dans une petite structure. Il me propose de venir travailler avec lui chez l'un des leaders mondiaux de l'alimentaire où il est chef de région. Dès lors que j'accepte de ne pas devenir chef immédiatement, j'ai des chances de réussite. Ma période de chômage ne dure qu'une brève semaine, le temps de passer les entretiens préliminaires à la direction des ressources humaines et d'être embauché dans un grand groupe international. J'entre dans un autre monde, un univers professionnel aux antipodes de ceux que j'ai fréquentés jusque-là.

Sexe, business et illusions

Le groupe dispose de solides moyens financiers : il nous assure un salaire confortable auquel s'ajoutent de multiples avantages, le remboursement des frais de déjeuner et une voiture de fonction. Parfaitement structurées, les équipes de commerciaux jouissent d'une exceptionnelle force de vente. Elles sont constituées pour moitié de jeunes, âgés comme moi de vingt-cinq à trente ans, et d'éléments nettement plus confirmés approchant la cinquantaine et possédant une expérience de plus de vingt ans. Comme tous les jeunes embauchés, je suis remis entre les mains d'un « parrain », une sorte de tuteur dont la mission est de me former, de m'accompagner lors de mes premiers pas dans l'entreprise et de m'enseigner les bases du métier. L'initiative est excellente, sauf que je ne tarde pas à découvrir le profil un peu particulier de mon tuteur. Gentil et attachant par ailleurs, il est obnubilé par le sexe. Le sujet occupe sans relâche son esprit et ses discussions. Son obsession me replonge brutalement dans les problèmes de fantasmes de mon adolescence. Marié mais entretenant plusieurs maîtresses, il parle de sexe toute la journée et ne vit que pour assouvir ses désirs. Au cours de nos missions dans les grandes surfaces, dans la voiture ou au restaurant, il ne m'épargne aucun détail de sa vie sexuelle. Récemment embauché, encore jeune et fragile sur le plan psychologique, je suis dans l'impossibilité de lui hurler : « Ta gueule ! » Ma joie de travailler dans un groupe reconnu et de distribuer à l'envi les échantillons des produits que nous commercialisons est fortement atténuée par le malaise intérieur qui m'envahit. Alors que je découvre combien la vie affective d'un couple se construit au jour le jour, au fur et à mesure que chacun dépasse ses peurs, les fantasmes de ma jeunesse reviennent. La coexistence avec mon parrain prend des allures de cauchemar. De nouveau, je me sens divisé. Il y a trois hommes en moi : l'époux et le père de famille ; le commercial ; le chrétien qui va à la messe. Je me dis que je vais détruire ma famille, faire du mal à celle qui m'a toujours soutenu et m'aime, avec toutes mes faiblesses. Si je n'avais pas été profondément amoureux de Blandine, j'aurais sans douté vécu une aventure ou mené une double vie. Je sais comment l'une de mes collègues a brisé son couple, un an après son mariage. Je souffre d'être mal dans ma peau mais je ne peux le reconnaître. C'est à mon parrain qu'il revient de décider de mon avenir professionnel dans l'entreprise. Ma motivation a emporté son adhésion et la direction m'envoie faire mes armes sur mon propre secteur. Je réussis bien, animé par un ego surdimensionné et par mon ambition de toujours. Celle-ci me permet d'envelopper mes problèmes d'un voile épais, de les maintenir enfouis aux yeux des autres et de continuer ma marche en avant. Directeur des ventes à trente ans ! J'en ai déjà vingt-six, il ne faut pas traîner en chemin pour atteindre l'objectif que je me suis assigné. Ou l'art de se mettre la pression tout seul. Il faut absolument que mon père et mes oncles sachent de quoi je suis capable…

Alors, je me donne les moyens d'y arriver. L'entreprise réunit régulièrement ses commerciaux au cours de séminaires organisés dans des endroits somptueux. Pour les anciens, ces rassemblements sont surtout l'occasion de discussions interminables sur le sexe et donnent lieu à quelques pronostics d'un genre particulier : « Tiens, le directeur de région, qui va-t-il se taper cette fois ? », ou à des commentaires du style : « Regarde cette petite commerciale, je me la ferais bien. » En ce qui me concerne, j'ai surtout remarqué que les directeurs, venus de Paris, assistent à ces luxueux raouts. Et je prends un soin tout particulier à préparer ces réunions, à m'y rendre avec des petits tableaux de statistiques mettant en valeur mes résultats. Souvent, j'interviens pour me faire remarquer, ce qui me vaut la haine cordiale des autres commerciaux de mon équipe. Mais la technique est efficace ! Un an après mon entrée dans le groupe, la direction envisage de me nommer à un poste de chef de région. Le *nec plus ultra* pour tous les salariés de l'entreprise : cette fonction de cadre donne droit à une voiture de fonction plus puissante et plus reluisante, ainsi qu'à toutes sortes d'avantages, telles des notes de restaurant plus importantes. J'ai vingt-sept ans... Si ma hiérarchie l'avait exigé, je crois bien que je me serais rendu à Paris à pied, entraîné par cette fierté qui me stimule par-dessus tout. Aucun obstacle ne semble pouvoir se dresser devant mon ambition. Pourquoi suis-je heureux à ce point ? Je crois que je ne me pose même pas la question. J'ai obtenu ce à quoi j'aspirais sur le plan professionnel. Grâce à cette victoire, je ne suis pas obligé d'approfondir le champ de mes interrogations. J'en reste à des considérations matérielles nettement moins dérangeantes. Tel Rastignac, je peux donc m'écrier : « À nous deux Paris ! »

Finis, la petite maison aux murs humides, l'appartement un peu crasseux et les toilettes sur le palier ! Rangés aux oubliettes, les découverts bancaires ! Pour le déménagement, la direction accorde à ses cadres une prime considérable — l'équivalent de deux mois de salaire net —, dénommée « prime de rideaux ». Elle doit me permettre de me loger confortablement sans craindre de mettre en péril mon équilibre financier. Seulement mes patrons ont oublié un petit détail : je suis déjà marié et père de deux enfants, contrairement à l'immense majorité des commerciaux célibataires de mon âge que l'on embauche au siège. Or, je suis venu pour un stage d'évaluation, d'une durée envisagée de six mois à un an, au service informatique, car je dois participer à la mise en place d'un réseau de micro-ordinateurs pour l'ensemble des cent vingt vendeurs. À cette époque, Internet n'existant pas encore, ces micros pouvaient relever les informations dans les grandes surfaces et les transmettre par modem au siège de l'entreprise.

Nuance non négligeable sur le plan pratique, les avantages alloués à Lyon me sont supprimés durant la période de mon stage : pas de voiture de fonction, pas de frais de restaurant. De ce fait, le coût de la vie dans la capitale rend précaire l'équilibre du budget de la famille. Nous avons trouvé un petit appartement à Versailles et nous vivons à quatre dans cinquante mètres carrés : heureusement, la prime de rideaux nous a servi à acheter des meubles pliants… La vraie maison des sept nains ! Ce problème financier me fait découvrir de plein fouet la réalité de la vie au siège d'une grande entreprise. Elle se dessine moins rose que je ne l'avais imaginé. La dimension humaine n'y est nullement prise en compte. L'intérêt que porte la hiérarchie à son personnel est directement proportionnel à ce qu'il lui rapporte. Je comprends vite que mon tempérament vif et spontané peut fortement me desservir et freiner mon avancement. Le conseil que m'avait donné un directeur de marché, le seul à jouer la carte de la franchise avec moi, prend tout son sens. « Jérôme, je te préviens, m'avait-il annoncé à mon arrivée, tout le monde a remarqué que tu avais des compétences, mais on sait aussi que tu as une grande gueule. Alors, fais attention, ferme-la et sois compétent. » L'avertissement m'avait fait froid dans le dos mais il avait le mérite de la clarté. Tout à coup, je perçois l'ambiance du siège. L'interdiction d'être soi-même, l'obligation de peser et de calculer ses propos tout autant que ses gestes, l'impression que le moindre mot peut avoir des répercussions sur sa carrière. J'ai le sentiment d'être épié, jaugé à tout moment sur ma capacité à exercer un poste à responsabilités. Dans ce contexte, j'évoque tout de même mes difficultés financières auprès de l'un des directeurs régionaux : « Écris une lettre, me dit-il, et je la transmettrai à Bernard. » En appelant ostensiblement le directeur des ventes par son prénom, mon interlocuteur se livre à une sorte de petit jeu très en vogue dans l'entreprise. Une manière de bien séparer les camps... Je rédige donc ma lettre et n'obtiens en retour qu'un silence pesant, jusqu'au moment où je croise ledit Bernard, le directeur des ventes, au cours d'une grande réunion à l'hôtel Hilton de l'aéroport d'Orly. Il se tourne vers moi et me dit : « Jérôme, j'ai reçu ton courrier. »

Stupéfaction ! Je ne lui avais jamais parlé et il me tutoyait en connaissant mon prénom. Ses paroles allaient encore plus me surprendre. « Ta lettre, tu sais, je ne l'ai pas aimée du tout. J'ai failli te virer. » Je reste ébahi devant une telle désinvolture. Pour une lettre qui lui a déplu, il est prêt à mettre un terme à ma carrière dans le groupe. À me contraindre au chômage sans se soucier de l'avenir de ma famille. Grand seigneur, il ajoute : « Je ne te virerai pas, viens me voir dans mon bureau. »

Je laisse à chacun le soin de juger le pouvoir exorbitant que s'adjugent certains hiérarques dans les entreprises. Mais, comme un gamin qui se fait taper sur les doigts, je me rends à sa convocation, mort de trouille. Le système enserre si bien les individus qui rêvent d'y jouer un rôle que je n'ai pas songé une seule minute à me révolter. Il jouait de son pouvoir, avec une inconscience à faire rire ou pleurer, mais je l'acceptais sans barguigner. Je lui facilitais grandement la tâche, quand j'y songe.

Le jour venu, j'entre dans un immense bureau aux baies vitrées. Il est là, vautré dans un fauteuil de nabab, la tête en arrière, les pieds sur le bureau, un verre de whisky dans une main pendant qu'un doigt de l'autre agite négligemment les glaçons. Les scénaristes de « Dallas » auraient pu s'inspirer de lui, sauf que Bernard ne ressemble pas — physiquement — à l'horrible JR. Il a plutôt les allures de Roger Zabel, l'ancien présentateur des sports de TF1. Le mec grande gueule, affichant un look cool et détendu, chemise de marque et cravate légèrement dénouée sur le côté, et roulant en Jaguar pour faire bonne mesure. Une star de l'alimentaire ou une caricature, c'est selon... L'entrevue continue dans la même veine. Tutoiement de rigueur... L'air de rien, il prend son téléphone et appelle son assistante.

« Vous nous apporterez un verre, je vous prie. Jérôme, tu vas bien prendre un whisky ?

— Oui, c'est cela, un whisky. »

Je me suis forcé à boire l'un de ces alcools forts que je déteste, puis nous avons pu aborder le véritable sujet de l'entretien.

« J'ai bien étudié ta demande financière, me dit Bernard en affichant une mine faussement compréhensive. Je comprends, nous n'avions pas suffisamment pris en compte tes besoins. Bon, pour y remédier, nous avons décidé de t'accorder une augmentation de cinq cents francs par mois. » Cinq cents francs par mois ! La somme est proprement ridicule. Je viens bien d'assister à une séance de cinéma. Il avait installé un climat artificiel de fausse chaleur humaine, fondé sur cet accueil complice totalement démago, pour mieux m'endormir. Je n'en revenais pas : cet homme avait quasiment droit de vie et de mort sur mon parcours professionnel. Je commençais à réaliser que l'illusion est une arme très utilisée dans le monde de l'entreprise. Et je n'ai pas été le dernier à m'en servir.

De la poudre aux yeux

Pour honorer son prestige, l'entreprise a l'habitude d'organiser des cérémonies somptueuses à l'occasion du lancement de nouveaux produits. Rien n'est trop grand ni trop coûteux pour créer l'événement. Comme ce jour où le groupe a invité en Bourgogne les cent vingt commerciaux de la France entière... pour participer à une chasse aux trésors. Comme à la télé ! Il ne manque que les hélicoptères et les caméras ! Des équipes de sept personnes ont été constituées, réunissant des salariés des différents services. Afin de faire naître une dynamique et de motiver les troupes qui auront à vendre le nouveau produit, l'entreprise n'a pas lésiné sur les moyens : location de nombreuses Renault Espace, organisation d'épreuves dans une piscine... et sur une piste de ski. On a même fait venir de la neige artificielle pour recréer un environnement montagneux... en pleine Bourgogne. Il s'agit — rien de moins — d'évoquer la fraîcheur de cet aliment vendu au « rayon frais » des grandes surfaces... Après ces épreuves, chacun se retrouve donc dans les salons luxueux du Relais et Châteaux où nous sommes tous logés. Au programme : dîner chic et karaoké géant, avec grand écran et sonorisation dernier cri. Après « La Carte aux trésors » sur France 3, voilà « La Fureur » sur TF1... Seul Arthur, l'animateur de la chaîne privée, n'a pas été convié à nous faire pousser la chansonnette... Mon équipe m'a désigné pour la représenter et je monte sur la scène pour interpréter « Le Blues du businessman », le tube de la comédie musicale *Starmania*. Je me prends au jeu ! Dans cette chanson, il n'est question que de réussite sociale et d'affirmation de soi-même au moyen d'artifices matériels. Hurlant dans le micro que je rêve d'avoir « ma résidence secondaire dans tous les Hilton de la terre », j'affirme à la terre entière que « j'aurais voulu être un artiste pour pouvoir dire pourquoi j'existe ». Les couplets se passent de tout commentaire. Mon ego puissant fait fonctionner mes cordes vocales avec une telle énergie que je bluffe le directeur commercial. Il jaillit sur la scène et nous nous lançons dans un duo effréné devant l'assistance qui applaudit à tout rompre. Cette performance artistique vaut la victoire à mon équipe et, moi, je remporte le Disque d'or, plutôt content de m'être bien amusé. Sans me douter que ma prestation a été prise très au sérieux. Le lendemain, le directeur de marché vient me voir, l'air solennel : « Jérôme, tu sais, c'est bien parti pour ta promotion. » Devant ma mine interloquée, il poursuit : « Eh bien oui, vu la façon dont tu as chanté hier soir, tu seras chef de région. »

Le type qui me félicite est le même qui m'avait mis en garde contre ma propension à « ouvrir ma gueule » et à me mettre en avant. Je suis atterré : il me disait le contraire de ce qu'il m'avait conseillé quelques mois plus tôt. Ce triomphe des apparences commence sérieusement à m'écœurer. Au siège, aussi, chacun essaie de se montrer au maximum en faisant acte de présence au bureau tous les soirs, le plus tard possible. Tout sonne faux, dans ce monde où l'on jette de la poudre aux yeux à coups de millions. Pour la soirée d'adieux au président de la société, je crois que les sommets de l'artificiel ont été dépassés ! Trois cents personnes ont été conviées à prendre leurs quartiers à l'hôtel InterContinental, un palace parisien. Après avoir posé nos valises dans les chambres (dont le prix frise l'indécence), nous sommes invités à monter dans de vieux bus à plateforme portant le nom du président de la société. Nous faisons le tour de la capitale, au son de musiques country et de La Nouvelle-Orléans interprétées par des musiciens en tenue de gala, présents dans chaque bus. J'ai définitivement compris que notre président aimait beaucoup la Louisiane quand nous avons quitté la péniche où avait été servi un somptueux apéritif. Nous voilà arrivés dans un lieu magnifique entièrement décoré aux couleurs de l'État américain, avec personnel en costume assorti et scène gigantesque. Mais pour parachever cette débauche d'effets, il faut une performance encore plus extraordinaire. Stupéfait, je vois entrer dans la salle l'équipe de France de rugby au grand complet. Monsieur le président est un passionné du ballon ovale… Et comme il doit aimer le gospel, une chorale de Harlem se présente devant lui. J'éprouve un drôle de sentiment où se mêlent la joie de la fête et un certain malaise devant cette débauche de moyens et ces dépenses inconsidérées.

Je suis heureux de quitter le siège de l'entreprise pour prendre mon poste de chef de région. Je laisse cette ambiance que je ne supporte pas et retrouve ma voiture de fonction et mes notes de frais. Mon secteur couvre quinze départements, de Bourges à Mende et de Blois à Montauban. Seulement, à vingt-huit ans, je retrouve aussi des collègues plus âgés que moi et totalement obsédés par le sexe. Le souvenir de ma jeunesse me saute à la gorge.

Une lecture choc

De nouveau, je suis écartelé entre les différentes facettes de ma personnalité. Je ressemble à cette lessive dont la télévision assure la promotion à grand renfort de spots publicitaires. « Regardez, voici Jérôme Mulsant, le fameux produit, le 3 en 1. » Seulement, je veux réunir les trois hommes qui coexistent en moi : être le même dans ma vie professionnelle, familiale et spirituelle. Avoir une tête de chrétien heureux dans toutes les situations. Cette cohérence devient une urgence. Six mois avant d'être muté au siège de l'entreprise, j'ai effectué avec Blandine une retraite spirituelle au foyer de charité de La Flatière, au pied du Mont-Blanc, en Haute-Savoie. Là, j'ai découvert un livre sur Marthe Robin, celle-là même qui a précisément inspiré la naissance des foyers de charité. À l'âge de six ans, Blandine avait eu l'occasion de rencontrer Marthe Robin, dont cet ouvrage retrace le parcours spirituel. Comment aurait-elle pu ne pas être marquée par cette modeste paysanne de la Drôme qui a donné au Christ sa vie entière, au point qu'elle est l'objet actuellement d'un procès en béatification à Rome ? Blandine lui avait rendu visite dans sa petite maison de Châteauneuf-de-Galaure, où elle passait ses journées allongée sur un lit de bois en raison d'une paralysie qui l'affectait depuis son plus jeune âge. L'existence de Marthe Robin échappe à toute rationalité. Incapable d'ingérer le moindre aliment, elle revivait chaque vendredi la Passion du Christ, comme l'attestaient les stigmates qu'elle portait sur ses flancs. Pourtant, ce n'est pas à une spiritualité hors du commun qu'invite Marthe Robin. Elle convie chacun d'entre nous à relier le Ciel et la Terre. En un mot, à trouver la présence de Dieu dans nos actes les plus quotidiens.

À cette époque, ma vie souffre d'un décalage flagrant. Mari et père de famille le week-end, je change de peau la semaine. Je me laisse imprégner par l'ambiance qui règne dans mon métier sans que je manifeste une opposition claire à ces dérapages : les blagues grossières et machistes, que je ne suis pas le dernier à raconter ; la course à l'ambition, à laquelle je participe en concurrent zélé. Sur le plan spirituel, le feu de ma conversion s'est éteint. Mon éducation et le souvenir de ce que j'ai vécu dans le Morvan me poussent à aller à la messe, mais la fatigue due à mon travail me conduit régulièrement à y renoncer. La vie s'écoule, davantage comme un cours d'eau tiède qu'à l'image d'un torrent de lave brûlante. Tiède ! C'est justement le mot qui me fait réagir quand je lis *Pour entrer chez Marthe* de Marcel Clément. « Dieu vomit les tièdes », rappelle Marthe Robin, forte de la soif d'absolu qui l'anime. Ses mots sonnent comme un électrochoc et me renvoient à moi-même : quelle est la place de Dieu dans ma vie de tous les jours ?

Bien sûr, nous sommes entrés aux Équipes Notre-Dame, à l'époque où je travaillais à Chalon-sur-Saône, mais nos réunions étaient surtout des rencontres entre copains et nous comblaient davantage sur le plan amical que sur le plan spirituel. De même, nous étions soutenus pour la prière par Pascale, la sœur de Blandine, et Bertrand, son mari : ils étaient très inquiets pour nous, au début de notre mariage, et ils nous ont beaucoup accompagnés, avec tact et discrétion. Quand nous sommes arrivés à Lyon, ils nous ont présenté leurs beau-frère et belle-sœur qui habitaient dans le Beaujolais et faisaient partie d'une Équipe Notre-Dame. Nous les avons rejoints dans cette équipe remarquable, animée par un prêtre formidable, dont la spiritualité vivante s'accommodait fort bien d'un bel humour : j'ai tout de suite accroché avec lui. Avec nos équipiers, nous sommes allés à La Flatière et c'est ainsi que j'ai pris connaissance du fameux livre sur Marthe Robin. Avec le séisme personnel qui a accompagné sa lecture. Oui, je suis tiède !

Ce constat — que je reçois en pleine figure — me donne envie de chercher la chaleur d'un vrai contact avec Dieu. Une fois de plus, Il est venu me chercher par la main au moment où je m'engluais de nouveau dans la boue d'une vie régie par un double discours. Comme toujours, mon tempérament bouillonnant me conduit à ne pas faire les choses à moitié : tout à coup, je ne pense qu'à prier, à chanter des psaumes à tue-tête ; mon autoradio est envahi de cassettes qui exposent des réflexions sur tous les sujets spirituels dont je peux me nourrir. J'administre d'interminables leçons de morale, inflige de longues théories sur la vie spirituelle à tous ceux qui passent à la maison. J'emmerde sérieusement les gens avec mon désir de sauver le monde. Qu'on se souvienne du type de Paray-le-Monial qui m'avait tancé vertement parce que je me promenais avec Blandine, main dans la main : eh bien, je lui ressemble étrangement. J'ai le même élan généreux du converti, je veux que la terre entière partage le même bonheur, mais mon mode d'expression assez intolérant est plutôt un contre-témoignage. À force de tenir de grands discours, vous finissez par exaspérer vos interlocuteurs. Alors, j'essaie de mettre en pratique ce que je dis. À la maison, un coin prière voit le jour ; quand je descends à l'hôtel, lors de mes déplacements professionnels, j'aménage toujours dans ma chambre un lieu pour méditer et me recueillir. Après tant d'années, j'ai le désir de parler pour la première fois en confession de ce que je n'ai jamais osé évoquer : mes fantasmes, ma vie sexuelle. Ma conversion me pousse aussi à ne plus chercher éternellement la reconnaissance de mon père, de mes oncles ou de mon entourage : pour moi, l'essentiel, c'est Dieu, ma femme et mes enfants. Je suis sur un nouveau chemin...

Malaise dans la boîte

Mon univers professionnel ne se prête guère aux discours spirituels et aux élans évangéliques. Je suis dans une drôle de situation : j'ai obtenu par tous les moyens le poste que je désirais pour assouvir mon besoin éperdu de reconnaissance mais, dans l'intervalle, je viens de vivre un bouleversement spirituel. Souvent, à la pause déjeuner, je vais dans une église voisine, accompagné d'une fille de mon service. Ce ressourcement m'est nécessaire pour faire le point sur mon attitude et tenter de corriger mes excès de fougue et d'énergie débridée. Du coup, mon stage se déroule parfaitement : en un mois, nous mettons en place un système informatique pour l'ensemble des cent vingt commerciaux. Je quitte le siège sans regret mais, en arrivant à Clermont-Ferrand où j'ai été muté, j'ai vraiment envie de continuer ma progression spirituelle avec Blandine. À Versailles, nous avions connu, avec notre Équipe Notre-Dame, une ambiance formidable que nous ne retrouvons pas en Auvergne.

Un couple de cousins nous emmène alors dans une session spirituelle pour les couples organisée par une communauté charismatique : depuis ma première session à Paray-le-Monial, j'ai scellé un pacte de réconciliation avec cette tendance de l'Église catholique ! Blandine a l'occasion de partager ses opinions avec beaucoup d'autres femmes sur de nombreux sujets, comme la vie spirituelle en couple ou les méthodes naturelles de contraception. Moi, j'ai beaucoup échangé avec d'autres participants sur les liens entre exercice professionnel, vie de famille et spiritualité. Et surtout, nous avons découvert ensemble l'Adoration, ce qui nous a conduits à fréquenter régulièrement un groupe de prière de la communauté de l'Emmanuel.

J'ai bien besoin de la prière pour supporter l'ambiance et les exigences de mon métier avec lequel je suis en décalage. Entièrement tournée vers les objectifs de l'entreprise, Martine, ma directrice des ventes, me pousse à m'investir dans mon métier, comme je l'aurais fait il n'y a pas si longtemps. « Soyez sur le terrain le plus souvent possible, jusqu'à quatre nuits par semaine, s'il le faut ! Optimisez vos déplacements, dormez à l'hôtel », me répète-t-elle sans cesse, oubliant simplement que je suis père de famille. Je ne supporte plus de passer trois à quatre soirs de la semaine loin de Blandine et des enfants, entouré de commerciaux qui parlent de sexe à longueur de journée. Au nom d'une certaine cohérence, nous décidons, avec Blandine, que je ne serai plus absent qu'une nuit par semaine et je fais le choix de désobéir à ma direction. Une première fois puis une deuxième. C'est alors qu'on me demande de licencier un collègue qui a disparu durant quelques jours avant de tenter de se suicider. Le souvenir de mon frère et mes propres fantasmes — plusieurs fois marié, ce collègue avait une vie sexuelle très agitée dont il parlait abondamment — m'agressent de nouveau. La compagne de cet homme, avec laquelle il avait eu deux enfants, me téléphone chaque soir et s'effondre en larmes. Au bout de quelques jours, la gendarmerie le retrouve. À Paris, la direction de l'entreprise me somme sans ménagement de le virer au motif que ce type leur cause des tracas. Je réponds que je refuse de mettre au chômage un homme fragile. « Prenez vos responsabilités, ai-je rétorqué vertement à ma directrice des ventes. Annoncez-lui que vous avez décidé de vous séparer de lui après vingt-cinq ans de bons et loyaux services. » Mes propos ont dû ébranler un peu leur mauvaise conscience puisque l'entreprise a renoncé à son projet. Muté dans un autre secteur, il a pris le temps de se reconstruire sur le plan personnel : quelques années plus tard, il a quitté de lui-même son poste de commercial pour acheter une licence de taxi. Aujourd'hui, il transporte peut-être au volant de sa voiture les hiérarques qui étaient prêts à mettre sa vie en danger…

Cette petite victoire sur ma hiérarchie, qui n'avait aucun scrupule, ne dissipe pas le malaise que je ressens chaque jour davantage. Avec Blandine, nous nous rendons compte que cette vie ne correspond nullement à notre cheminement et à nos aspirations profondes. Pourtant, le confort matériel ne nous fait pas défaut : le compte bancaire ne montre plus les signes d'essoufflement dont il était coutumier au début de notre mariage. Nous menons une existence plutôt privilégiée dans la petite villa que nous louons à Clermont-Ferrand : nous disposons de deux voitures et même d'une résidence secondaire puisque mes beaux-parents nous prêtent toujours une maison dans le Beaujolais. Mais notre progression spirituelle est en contradiction avec notre vie qui subit encore fortement l'influence de la société de consommation. Nous sommes inféodés au fameux *Toujours plus !*, rendu populaire au début des années quatre-vingt par le livre de François de Closets. Ma vie de prière n'est guère en rapport avec les préoccupations de la majorité de mes collègues. Je sens bien que j'ai envie de quitter ce milieu où l'argent et le sexe sont les deux principaux moteurs, toujours prêts à s'emballer et à provoquer des écarts de conduite. Toute réunion sert de prétexte à des dérives que je supporte de moins en moins. La fête organisée par un grossiste devient aussitôt, pour mes collègues mariés, une occasion de relations sexuelles avec une fille rencontrée dans une boîte de nuit. Cette attitude n'est pas seulement le fait de quelques isolés qui chercheraient à combler un vide affectif à tout prix.

Pour la hiérarchie, la gaudriole fait office de méthode de management, au même titre que les séminaires ou les stages de varappe pour cadres en mal de motivation. Quel meilleur moyen pour stimuler un commercial taraudé par le démon de midi que de lui offrir une belle récompense en nature ? Après tout, est-ce vraiment condamnable de donner du plaisir à ces messieurs, a dû se dire Martine, ma directrice des ventes, en concoctant le programme de notre soirée de fin d'année ? Avec son look à la Nicole Notat, l'ancienne secrétaire générale de la CFDT, et sa coiffure dont la teinte varie en fonction des saisons, elle n'a qu'une obsession : dynamiser les troupes. Elle n'est ni méchante ni perverse mais la logique d'entreprise lui a fait perdre le sens de la réalité. Alors, ce soir-là, elle a tout prévu avec Jean-Paul, le directeur des ventes de la région parisienne.

Les agapes commencent gentiment avec un dîner brésilien dans un restaurant situé près du Rond-Point des Champs-Élysées. Les filles bronzées à moitié nues sont sûrement là pour mettre les convives en appétit… Et lorsque nous sommes invités à danser après le repas, l'objectif est sans doute de parfaire notre condition physique. Moi-même, je suis bien obligé d'effectuer quelques pas sur la piste à la demande insistante de ma supérieure hiérarchique, qui nous quitte aussitôt après ces premières réjouissances. « Je vous laisse, dit-elle, d'un air plein de sous-entendus.

Allez donc boire un dernier verre ! Jean-Paul va s'occuper de vous. » J'ignorais que mon collègue avait des talents de chaperon mais la petite troupe lui emboîte le pas jusque dans l'un de ces clubs privés où il est de bon ton de finir les soirées. Benoîtement, je m'installe sur un canapé, attendant qu'une aimable serveuse vienne me tendre une coupe de champagne, offerte par l'entreprise, quand je sens une main qui s'appuie langoureusement sur ma cuisse. Curieuse façon de prendre les commandes… J'en suis là de mes interrogations quand mon autre cuisse tressaille au contact d'une seconde caresse. Il me suffit d'un coup d'œil pour remarquer que je suis entouré de deux jeunes femmes dont la présence ne doit rien à la magie du hasard. Cet assaut me fait l'effet d'un électrochoc. Dans la salle, un stratagème identique a été mis en œuvre pour tous mes collègues. Huit pères de famille, tous mariés et parfois grands-pères. Je me dégage de l'étreinte de ces séductrices apparemment bien entraînées pour rejoindre un pouf, tout près d'une petite estrade. Je crois avoir gagné une relative tranquillité lorsqu'on nous annonce qu'un spectacle à caractère pornographique va se dérouler sur la scène, près de laquelle je suis assis. Je suis sûr de ne rien manquer des performances des acteurs. Ceux-là mêmes que je rêvais d'imiter autrefois. Mais leurs exploits ne me font plus rêver. À peine ai-je le temps de réaliser que j'ai mis les pieds dans un bordel de luxe que je me lève dans un sursaut, presque dans un réflexe de survie. Vivre une telle expérience, c'est trahir Blandine et renier ma foi.

Ce fut un déclic : désormais, je veux vivre en union avec moi-même et ne plus dissocier mes conduites de mes convictions au gré des événements. Quand je passe la porte, accompagné d'un collègue qui a réagi de la même façon, le cerbère nous regarde d'un air étonné. « Vous voulez une fille ? nous demande-t-il, interloqué. Ou peut-être un garçon, c'est cela, non ? » Je lui fais comprendre que ses hésitations sur mes préférences sexuelles sont nulles et non avenues et je quitte cet endroit, atterré. Est-il possible que je reste plus longtemps dans une entreprise où la direction n'hésite ni à licencier un salarié fragile ni à détruire la vie et la famille de ses commerciaux ?

Ma hiérarchie a bien compris que nos points de vue devenaient inconciliables puisqu'elle me convoque à Paris pour m'annoncer mon licenciement. Au cours du déjeuner auquel m'a convié la directrice des ventes, je note la présence de plusieurs hauts responsables, attablés tout autour de nous. Avec leur sens aigu de l'organisation, ils ont prémédité ce scénario, anticipant une éventuelle réaction violente de ma part. Rassurée de voir que je ne m'emporte pas dans une crise d'hystérie lorsqu'elle m'annonce mon renvoi, mon interlocutrice se lève en plein milieu de notre déjeuner. L'air soulagé, Martine se dirige vers une table située légèrement derrière la nôtre et adresse un signe de satisfaction aux convives. Parmi eux, le fameux Bernard, le Roger Zabel de l'alimentaire qui m'avait octroyé généreusement la prime de cinq cents francs. Aussitôt après le déjeuner, le directeur des ressources humaines me reçoit pour un entretien qui confirme l'impression que je n'ai plus rien à faire dans ce groupe. Avec ses airs faussement chaleureux et compatissants, il se place dans la position du confident, mi-grand frère, mi-conseiller spirituel, en essayant de m'arracher des commentaires, voire des révélations sur mes supérieurs. Tactique perverse qui consiste à profiter d'une fragilité momentanée pour susciter des confidences, toujours utiles en cas de conflit avec les salariés. Las, ces basses manœuvres se heurtent à mon refus absolu de balancer les histoires croustillantes qui auraient rempli ses petites fiches personnalisées. Plus tard, Martine me remerciera chaleureusement de mon silence en me serrant fort dans ses bras... Après trois ans dans l'entreprise, je prends congé, la somme rondelette de cent trente mille francs en poche, en me disant qu'il doit bien exister en France une société qui ne favorise pas la débauche de ses subalternes...

Je veux trouver un poste nettement moins en vue, compatible avec une vie familiale. Une nouvelle retraite au Foyer de charité de La Flatière sera décisive pour m'aider à prendre conscience que mes ambitions professionnelles m'entraînent sur une voie néfaste, dans laquelle je cultive une fausse image. J'ai besoin d'être confronté à ce que je suis vraiment, sans les artifices d'une vie matérielle dorée.

Tout en bas de l'échelle

« Allez mettre une blouse ! » Pour mes débuts chez un grand torréfacteur parisien, j'ai revêtu mon costume impeccable et mes chaussures parfaitement cirées de cadre habitué à fréquenter les bureaux moquettés et les réunions dans les hôtels de luxe. On me fait comprendre que cette tenue ne se prête guère à la mission qui m'est assignée pour mon premier jour de formation, dans les entrepôts de la société, aux confins sinistres de la banlieue nord de Paris. Je dois apprendre à monter et à démonter des moulins à café. Puis je fais connaissance avec mon futur responsable régional, chargé de superviser à distance mon travail qui consiste à implanter cette marque de café parisienne dans les bars et les restaurants de Lyon. Il a le même âge que moi. Ma fierté encaisse difficilement ces deux uppercuts. Je ne voulais plus devenir chef à tout prix, j'avais envie d'assumer un travail qui me ramène à plus d'humilité : mes vœux sont exaucés au-delà de toutes mes espérances.

Le soir, quand je rentre chez mes parents, je dois affronter les remarques de mon père. Il ne comprend pas mes choix : pourquoi ai-je renoncé à un poste à responsabilités et à une situation confortable dans un groupe alimentaire de renommée mondiale pour vendre du café à des bistrotiers ? À vrai dire, ces questions surgissent dans mon esprit au bout de quelques jours chez mon nouvel employeur. Pour compléter ma formation, j'accompagne Pierre, mon supérieur hiérarchique, dans ses tournées dans le sud de la France. Tous les patrons de bar que nous rencontrons mettent à mal mon amour-propre au moment où ils interrogent Pierre sur mon identité. « Je vous présente Jérôme, futur vendeur-livreur à Lyon », annonce-t-il trente fois par jour comme s'il m'envoyait un direct dans le foie. Dans l'échelle sociale, si importante à mes yeux, je suis clairement descendu d'un niveau. Cette chute dans le baromètre de la reconnaissance me met d'autant plus à l'épreuve qu'elle s'accompagne de la perte de signes distinctifs auxquels je ne peux plus me raccrocher. Ma voiture de fonction luxueuse a disparu, tout comme la possibilité d'établir des notes de frais à volonté. Difficile de parader et de faire le beau à bord d'une fourgonnette Renault Express, sans climatisation, bourrée jusqu'à la gueule de sacs de café, de paquets de sucre en morceaux, de tisanes, de chocolat noir et d'un empilement de tasses et de moulins à café.

Ma mission est nettement plus modeste que dans mes fonctions précédentes : écouler la cargaison auprès des différents établissements de la région lyonnaise, à la petite nuance près que la plupart possèdent déjà un fournisseur. Et, pour toute puissance de vente, je ne peux compter que sur mon énergie et ma force de persuasion. Ne disposant même pas de cartes de visite, je me suis procuré de petits cartons en bristol sur lesquels j'inscris, à la main, mon nom et mon numéro de téléphone. Le choc est terrible : à l'image de ces représentants qui font du porte-à-porte avec l'espoir très hypothétique de vendre une encyclopédie en dix volumes ou un tapis d'Orient, je m'embarque chaque matin dans une aventure dont le résultat est plus qu'incertain. L'Everest en espadrilles… Aucun cafetier n'attend ma venue : pour élargir la clientèle encore maigre de mon patron, chaque rencontre est un pari qui m'oblige à donner considérablement de moi-même afin de vaincre les réticences. N'oublions pas que je représente un torréfacteur parisien qui tente d'implanter sa marque en territoire lyonnais. Les rivalités tenaces entre les deux villes sont prêtes à se réveiller à tout instant, y compris autour d'une tasse de café. Et les quolibets (« Parigot, tête de veau »…) fusent au-dessus de ma tête, de tous les côtés du comptoir. Les origines lyonnaises de mon patronyme me sont bien utiles pour amadouer les autochtones et lever leur méfiance sur ce produit dont ils n'ont jamais entendu parler. Par chance, il existe une rue Mulsant à Villefranche-sur-Saône, à cinquante kilomètres de Lyon, ce qui donne l'impression à mes interlocuteurs locaux que je fais un peu partie de leur famille. Il me faut néanmoins trouver ma méthode personnelle d'approche et de séduction et repartir à l'assaut quand la tentative a échoué. Seul avec moi-même, je dois me lancer à mains nues dans une redoutable conquête commerciale. Au bout de six mois, mon moral vacille au point que je frôle la dépression. Béni soit le médecin qui me prescrit des antidépresseurs ! Son geste provoque en moi une réaction aussi inattendue que salutaire. Je rejette violemment l'idée de ressembler, de près ou de loin, à toutes les personnes déprimées dont j'ai croisé la route. Je suis fermement décidé à éloigner de mon esprit le spectre du suicide, dont le souvenir angoissant revient régulièrement en moi. Mon métier ne peut constituer l'essentiel de mon existence. Je me souviens que le bain familial, avec Blandine et les enfants, constitue la plus efficace des thérapies, associée à d'autres sources d'épanouissement. Le scoutisme, dont j'avais été exclu au cours de ma jeunesse, m'offre une seconde chance. En même temps qu'un remède. Nettement plus sain que les médicaments…

Par l'intermédiaire d'un cousin, je prends la responsabilité d'un groupe de scouts rassemblant deux unités de jeunes louveteaux et scouts. Cette confiance me fait un bien fou parce qu'elle me donne l'occasion de m'affirmer en dehors du cercle professionnel, dans une activité d'ordre pédagogique et spirituel. C'est aussi une revanche sur mon passé : l'ex-banni du scoutisme, viré au cours de sa jeunesse, devient chef de groupe ! Le bonheur de me sentir utile, d'aider des enfants à se construire à travers le scoutisme, m'aide considérablement à pousser avec enthousiasme la porte des bistrots. Après un an et demi de galère, mes rencontres de l'autre côté des comptoirs sont les plus belles récompenses de mon obstination.

« Un café, s'il vous plaît ! »

Discrètement, je pénètre dans le café. L'agitation qui règne autour des tables, entre les discussions des consommateurs et les allées et venues des serveurs affairés, interdit aux uns et aux autres de prêter la moindre attention à ma présence. Je m'installe au comptoir, entre les cacahuètes et la pompe à bière, et commande un café. Silencieux, j'observe cet étrange ballet et imprime dans ma mémoire les habitudes du patron et du personnel. Sans rien dire, je repars. La semaine suivante, à la même heure, je procède au même rituel. Sans jamais ouvrir la bouche. Au bout de quelques semaines de patience, le résultat est imparable. L'un des consommateurs m'adresse la parole parce qu'il a reconnu en moi un habitué des lieux. La discussion s'engage, selon une modalité qui ne laisse curieusement guère de place à l'improvisation. Après deux ou trois phrases sur la météo ou sur la qualité du petit noir, l'échange porte invariablement sur nos professions respectives.

« Quel est votre métier ?

— Je suis commercial.

— Et que vendez-vous ?

— Du café, essentiellement.

— En grandes surfaces, sans doute ?

— Non, je suis commercial pour les bars et les restaurants. »

Stupeur de mon interlocuteur : comment se fait-il que je n'aie pas fait irruption dans l'établissement en hurlant « Bonjour, c'est le marchand de café » ? Le fruit de l'expérience ! J'ai remarqué, au long de ma silencieuse observation, que les barmen réagissaient de manière désagréable, comme s'ils se sentaient agressés, à l'arrivée tonitruante des commerciaux. Ils détestent par-dessus tout que les représentants viennent en équipe de deux, le commercial et son supérieur : je voyais aussitôt leur visage se fermer comme une huître dès que le tandem se dirigeait vers eux. D'une certaine façon, mon attitude les déstabilise et possède l'immense avantage de faire tomber leurs défenses assez rapidement. Alors qu'ils ont l'habitude de répondre en permanence aux sollicitations pressantes de mes confrères, je les place dans une position inédite : ils demandent eux-même à goûter mon café !

De cette manière, je suis entré en relation avec un nombre croissant de patrons de bar dont j'ai découvert l'authenticité et la générosité. Milieu tellement attachant et fascinant que celui des bistrots de quartier ! Je ne parle pas des établissements à thème, qui excluent d'entrée une partie de la clientèle en misant sur une spécificité souvent artificielle. Ceux-là n'ont pas forcément un avenir à long terme. Tenir un bar, c'est accueillir l'humanité dans son incroyable diversité de farfelus, de caractériels, de petits escrocs, de beaux parleurs… L'infinie variété des états civils ou des milieux sociaux, l'incroyable originalité des parcours individuels, avec leurs virages et leurs bifurcations inattendues, y sont représentées. La prostituée ou le clochard côtoient le directeur d'usine, l'ouvrier rencontre l'étudiant en lettres, la vieille dame distinguée discute avec le chauffeur de taxi… Très vite, je me sens à l'aise dans cette microsociété où l'anonymat possède d'étonnantes vertus : il permet à chacun de s'exprimer en toute liberté, sans crainte d'être jugé puisque personne n'est connu de personne, il abolit les barrières sociales entre des individus qui ne s'adresseraient la parole nulle part ailleurs et se lancent dans des discussions dont la teneur révèle une profondeur tout aussi surprenante. Je me lie d'amitié avec de nombreux patrons de bar dont je perçois le rôle social fondamental mais totalement ignoré. Le succès d'un établissement ne repose pas sur la qualité des liquides proposés : la bouteille renfermant une célèbre boisson gazeuse américaine est rigoureusement identique d'un endroit à un autre. En revanche, la chaleur de l'ambiance régnant entre les consommateurs peut faire la différence. On fréquente un café plutôt qu'un autre parce qu'on y a trouvé une convivialité qui n'existe pas ailleurs. La motivation principale d'une grande majorité de patrons de bar, j'en suis convaincu, est bel et bien de créer des relations humaines, de favoriser les rencontres. J'ai assisté à des scènes de solidarité qui m'ont bouleversé : quand survient l'heure de remplir la feuille d'impôts, combien de personnes désemparées demandent-elles à leur cafetier de les aider à s'y retrouver dans le labyrinthe des colonnes à noircir ? Dans ces lieux dont la vocation commerciale est, *a priori*, d'écouler le maximum de boissons, j'ai entendu certains serveurs conseiller à des clients, d'une voix pleine d'affection, de réduire leur consommation et les encourager à suivre un traitement contre l'alcoolisme. Je les ai vus manifester un respect magnifique à l'égard des clochards. Combien de fois ma tournée des bars a-t-elle épousé le même itinéraire que la route des vins de quelques sympathiques et indéracinables poivrots ?

J'avais l'habitude de rendre visite à l'ensemble des établissements d'une même rue : j'étais sûr de retrouver les mêmes consommateurs invétérés tout au long de mon trajet, comme une preuve supplémentaire que la fidélité n'est pas un vain mot dans ce monde-là. Plus sérieusement, la constance de mes premiers clients m'a été d'une précieuse aide pour élargir ma surface de vente. Le bouche-à-oreille fonctionnait avec une telle efficacité que je n'avais plus besoin de déployer des trésors d'énergie pour prospecter à l'infini !

La fourgonnette poussive, qui livrait trois cents kilos de café par mois à mon arrivée à Lyon, n'est bientôt plus assez large pour transporter une cargaison de deux tonnes… Couronnement de deux ans d'efforts ! Mon travail est devenu un plaisir. J'ai mes clients privilégiés : bien sûr, il y a le premier couple qui m'a fait confiance, au Café de la Mairie, dans le VIe arrondissement de Lyon. Lui, ancien directeur général d'un grand groupe alimentaire dont il a été licencié pour des raisons que j'ignore, a connu un parcours qui nous rapproche. Quant à son épouse, elle m'a tout de suite trouvé sympathique parce que j'ai eu le bon goût de me présenter chez elle en costume cravate. Elle avait été flattée qu'un commercial d'une marque de café s'habille pour lui rendre visite ! Avec leurs caractères et leurs tempéraments opposés, tous les deux me font penser à mes parents. D'ailleurs, je vais régulièrement dans leur café pour reprendre des forces. On rigole, on plaisante, j'y trouve l'ambiance familiale nécessaire à mon équilibre. Grâce à ce couple, dont j'aime bien les différences et les paradoxes, je me lie d'amitié avec des jeunes mariés, une Bourguignonne et un Lyonnais, qui ont ouvert un restaurant. Leur établissement devient un peu mon repaire — comme autrefois Chez Cam —, et je vais fréquemment y déjeuner entre mes tournées. Je les admire de s'engager ensemble dans la création d'une entreprise, avec toutes les difficultés que comporte le travail en commun. J'entretiens également d'excellents rapports avec un autre couple, avec lequel je reproduis une relation filiale.

Le miracle et l'enfant

Un sanglot déchirant s'échappe du téléphone. « Paul s'est noyé dans la baignoire. Il est dans le coma, les médecins pensent que son cerveau est atteint. Mon petit garçon est perdu. Vous avez la foi, priez pour lui. » Au comble du désespoir, Sylvie m'appelle quelques heures après que les pompiers ont emmené son bébé à l'hôpital. Nous sommes toujours restés en relation avec elle après son divorce d'avec un membre de ma famille. Nous nous considérons vraiment comme frère et sœur, à telle enseigne qu'elle m'a demandé d'être le parrain de Paul, l'enfant qu'elle a eu avec son second mari. Longtemps, ils ont pensé qu'ils ne pourraient pas mettre au monde un bébé et le sort les frappe de plein fouet, comme il avait arraché à la vie Alexia, ma petite filleule, quelques années auparavant. Aussitôt, j'appelle ma mère pour lui demander de prier et de faire prier pour Paul. Avec Blandine, nous nous retirons près du petit oratoire que nous avons installé dans notre chambre et nous supplions Marie de sauver mon filleul. Je ne peux supporter l'idée que la mort emporte de nouveau un enfant en bas âge, d'autant que la vie a déjà fortement éprouvé Sylvie et son mari. Le lendemain matin, je reçois un coup de téléphone de Sylvie. À l'autre bout du fil, elle pleure, profondément bouleversée par la nouvelle qu'elle vient d'apprendre. « Paul est sorti du coma. Il n'aura aucune séquelle, il rentre dès maintenant à la maison. Les médecins sont stupéfaits : ils n'arrivent pas à expliquer ce qui s'est passé, ils parlent d'un miracle. »

Alors qu'il est éloigné de la pratique religieuse, le mari de Sylvie emploie aussi le même terme. La veille, il est entré dans une église pour prier. Ému aux larmes, il n'a pas de mots assez chaleureux pour nous remercier. « Votre prière, me dit-il, a sauvé Paul. » Je lui réponds qu'il a tort. « En sollicitant notre prière, c'est vous qui avez posé un acte de foi. Vous vous êtes tournés vers Dieu pour sauver votre enfant. Vous Lui avez manifesté votre confiance, Il vous a répondu. »

Tandis que je téléphone, je remarque la mine songeuse de Blandine. L'air grave, elle ne dit rien mais je sens bien qu'elle retient ses mots quand elle me fait cette confidence. « Hier, lorsque nous priions pour la guérison de Paul, j'ai fait une promesse à Marie. Je lui ai dit que j'étais d'accord pour accueillir un quatrième enfant si ton filleul était sauvé. » Voilà des mois que j'ai exprimé mon désir de donner un frère ou une sœur à Jérémy, Quentin et Charlotte, notre petite fille née en 1994. La nostalgie de mon enfance et de tous les moments joyeux vécus avant la mort de mon frère Christophe me donne vraiment envie de fonder une grande famille pour offrir à mes enfants la joie de connaître une telle ambiance. Seulement, Blandine ne se sent pas tout à fait prête pour un quatrième enfant. Je crois qu'elle se sentait coupable et s'en voulait de ne pas partager mon désir. Lorsque je parle à un prêtre de la promesse secrète de mon épouse, il me donne un conseil, à l'intention de ma femme. « Dis à ton épouse de demander à Dieu de lui donner le désir d'avoir un enfant. »

Aujourd'hui, je sais qu'elle a formulé cette prière. Pour elle, ce fut un premier pas capital dans cette démarche d'abandon qui consiste à faire confiance à Dieu. Un mois plus tard, elle est venue me suggérer une idée plutôt agréable : et si nous partions en voyage en Guadeloupe avec une partie de l'indemnité que j'avais touchée à la suite de mon licenciement ? La prime nous avait permis d'acheter une voiture neuve, mais jamais nous ne nous étions offert une escapade en amoureux depuis la naissance des enfants. Cap sur l'outremer et ses paysages de rêve ! Blandine m'a promis que nous essaierions d'avoir un enfant à notre retour…

La magie des JMJ

Une longue sarabande humaine, joyeuse et vivante, s'étire sur plusieurs kilomètres. Des dizaines de milliers de jeunes, venus du monde entier, se sont rassemblés en ce dimanche d'août 1997 sur l'hippodrome de Longchamp, à l'ouest de Paris. Quelle est la star qui les attire au point que la plupart ont renoncé à des vacances à la montagne ou au bord de la mer pour rester dans la chaleur de la capitale ? Une vedette mondiale de la chanson ? Un sportif adulé dont les exploits font vibrer la planète entière ? Le gourou d'une secte qui promet le bonheur immédiat à tous les hommes ? Non, la jeunesse des cinq continents a répondu à l'appel du pape Jean-Paul II, qui clôt ce jour-là les Journées mondiales de la jeunesse. L'extraordinaire vague d'enthousiasme et de ferveur qui se dégage de ce rassemblement m'emporte dans son élan. Au début de la semaine, en regardant à la télévision la cérémonie d'ouverture sur le Champ-de-Mars, j'avais été profondément ému par cette jeune fille tenant la main du vieux pape. Jusque-là, je ne m'étais pas senti concerné par ces JMJ, mais j'ai eu envie de me mêler à la fête. J'invite une de mes nièces et une fille d'amis à participer à la veillée et à la messe dominicale de clôture, et nous partons pour la capitale. Enceinte depuis le mois de juin — l'heureux événement s'est annoncé six semaines après notre retour de Guadeloupe —, Blandine n'a pas pu m'accompagner. Le train de banlieue qui nous mène à Paris résonne des chants et des guitares de jeunes arborant des tee-shirts reconnaissables entre mille. Jouxtant l'hippodrome, le bois de Boulogne, haut lieu nocturne de la prostitution parisienne, n'est guère habitué à accueillir une telle population. Arrivés dès le début de l'après-midi, nous pouvons nous installer à quelques dizaines de mètres du podium central. Une extraordinaire atmosphère de prière culmine quand le pape fait son entrée dans l'enceinte. La magie de l'événement, alliée à la présence de nombreux artistes et musiciens célèbres, me transporte de joie et se double du plaisir de constater que je ne suis pas le seul converti. Quand vient la nuit, l'hippodrome scintille de millions de bougies.

Ce rassemblement est un formidable témoignage d'unité. Il transcende les classes sociales et les sensibilités très différentes des catholiques de France. Plus que jamais, je me dis qu'il ne faut pas être prisonnier du milieu qui vous a vu naître, sans en avoir honte pour autant.

Je rentre dans le Beaujolais totalement dynamisé par l'énergie communicative de ces jeunes croyants. L'idée de concilier encore plus fortement mon engagement personnel et ma vie spirituelle progresse dans mon esprit. Certes, notre vie de prière est assez intense, mais elle ne s'accompagne plus d'aucune démarche collective depuis que l'expérience vécue aux Équipes Notre-Dame à Clermont-Ferrand nous a laissé un goût d'inachevé. Nos hésitations quant à nos envies spirituelles nous occupent beaucoup quand notre ancien aumônier des END les bouscule allégrement en nous plaçant devant nos responsabilités.

« Et si vous agissiez ? nous lance-t-il, en écho à la formule de Marthe Robin qui m'avait tant marqué. Et si vous lanciez votre propre équipe ? »

Injonction entendue ! Deux mois plus tard, nous nous réunissons pour la première fois avec quatre autres couples.

Ce soir-là, notre aumônier est accompagné d'un jeune diacre qui se destine à la prêtrise. Au cours du repas, celui-ci nous raconte son itinéraire, en particulier ses voyages aux États-Unis et au Québec. Il traverse fréquemment l'Atlantique pour recueillir des témoignages en vue de la béatification d'un certain Marcel Van, dont jusqu'alors j'ignorais l'existence. D'origine vietnamienne, ce postulant à la sainteté est mort à l'âge de trente et un ans, en 1959, dans un camp disciplinaire institué par le régime communiste. Je ne cherche guère à en savoir davantage sur son itinéraire spirituel car, en cette année du centenaire de la naissance de sainte Thérèse de l'Enfant-Jésus, je suis surtout intéressé par l'enfant de Lisieux. Son *Histoire d'une âme* est devenue mon livre de chevet : Marthe Robin, qui a suscité ma conversion, ne disait-elle pas qu'elle voulait poursuivre l'œuvre de Thérèse de Lisieux ? Ne s'inspirait-elle pas de la « petite voie », ce chemin spirituel qui invite à vivre sa foi dans les actes les plus banals de la vie quotidienne ? Dans sa spiritualité, il n'est nullement question de prier des heures durant, à l'écart du monde, ou de s'abstraire de l'activité humaine pour lire les psaumes... Trêve de paroles ou de grands discours ! Mon parcours spirituel passe d'abord par des gestes élémentaires : de quel poids pèsent mes mots si je suis incapable d'aider Blandine aux tâches du ménage, si je ne joue pas mon rôle de père de famille en consacrant du temps aux enfants ? Comment proclamer haut et fort mon bonheur de converti, comme je le fais à la moindre occasion au risque d'indisposer la terre entière, s'il ne se traduit pas par un engagement concret ? Si je ne lie pas le Ciel et la Terre, comme dirait sainte Thérèse ? Pour m'aider à mettre un terme à ces interrogations sans fin, mon directeur spirituel me tend un livre. C'est un ouvrage sur la vie de Marcel Van, que je commence à lire dans une chambre d'hôpital.

Trois semaines après sa naissance, Côme, notre petit dernier, souffre d'une bronchiolite contractée lors de son baptême. Une cérémonie plutôt mouvementée au cours de laquelle nous avons failli mettre le feu à l'église en installant un chauffage d'appoint au gaz : les stalles ont commencé à se consumer, jusqu'au moment où nous avons éteint le début d'incendie avec des extincteurs. Une fois que notre bébé a été baptisé, nous avons informé les pompiers !

Tandis que je rends visite à Côme, qui se remet de ses frayeurs, Blandine lit le livre de Marcel Van. En réalité, elle m'a avoué que l'histoire de ce petit Vietnamien l'avait spontanément attirée — beaucoup plus que moi — dès que nous en avions entendu parler à la réunion des Équipes Notre-Dame. Pour une fois, nous vivons le même choc spirituel au même instant. La simplicité de sa démarche nous touche profondément. Je me retrouve sans doute dans la personnalité de cet enfant ultrasensible, qui rit autant qu'il pleure. Les souffrances qu'il a endurées nous bouleversent. Né dans une famille modeste — son père est tailleur, sa mère travaille dans les rizières —, il quitte ses parents à l'âge de sept ans pour habiter à la cure et accomplir son désir de devenir prêtre. Il rejoint là d'autres enfants, candidats comme lui au sacerdoce. Tous sont encadrés par une équipe de catéchistes. À force de gentillesse, il devient vite le chouchou du curé, qui a remarqué sa profondeur d'âme et lui permet de communier tous les jours à la messe. Ce statut particulier lui attire la jalousie féroce des catéchistes de la paroisse. On veut l'empêcher de communier au cours de la messe, au motif qu'un excès d'orgueil le rend indigne d'un tel geste… Humilié, battu jusqu'au sang, il est victime de plusieurs tentatives d'abus sexuels et échappe de justesse au viol. Après s'être enfui de la cure, il vit dans la rue, manque d'être kidnappé par un trafiquant qui voulait le vendre, jusqu'au moment où il peut revenir là où il a souffert. Fort de la grâce spéciale qu'il a reçue de Dieu — transformer la souffrance en joie —, il crée Les Anges de la résistance avec d'autres enfants de la cure. Ensemble, ils forment une brigade d'un genre nouveau, chargée de s'interposer entre les catéchistes, le curé et les jeunes filles… Entré au petit séminaire, il sent que Dieu l'appelle à la sainteté. « Un signe supplémentaire de mon orgueil », se dit-il, lorsqu'il découvre *Histoire d'une âme* de Thérèse de Lisieux.

Pour Marcel Van, elle devient un guide, celle qui lui parle et lui indique le chemin à suivre. « Van, mon petit frère, Dieu est notre Père. Il ne désire qu'aimer et être aimé en retour. Toi, tu ne seras pas prêtre. Tu vas donner ta vie pour les prêtres et plus particulièrement pour les prêtres français. » Je suis ému aux larmes par la capacité du petit Marcel à dépasser ses souffrances et à les transformer en gestes d'amour pour les autres.

Les questions dont il se fait l'écho tout au long de son existence nous renvoient à nos interrogations sur la difficulté de vivre avec les autres, sur la présence de Dieu au cœur du monde. Avec des mots simples, il insiste sur la nécessité de faire connaître la parole de Dieu à tous ceux qui en sont éloignés. Évangélisation... Le terme est provocant, presque incongru dans notre France, « fille aînée de l'Église ». Quelle absurdité ! Un petit Vietnamien qui fait redécouvrir l'amour de Dieu à notre pays, l'un des berceaux du catholicisme ! L'idée résonne fortement dans ma tête. Comment ai-je les moyens de parler de ma foi alors que je ne suis pas prêtre ? La vie de Marcel Van est une réponse. « De France, rejaillira le règne de mon amour », lui a dit Jésus. Longtemps, il s'est cru appelé au sacerdoce mais sainte Thérèse s'adresse directement à lui et lui fait comprendre que l'expression de sa foi peut prendre une autre forme. Cette évocation me rappelle tellement la crise personnelle que j'ai vécue au moment de m'engager avec Blandine. Dans ses dialogues avec son directeur spirituel, Marcel Van parle avec tact et simplicité de l'émotion que provoque en lui le contact avec les femmes. Avec pudeur, il évoque le combat intérieur qu'il s'est vu obligé de livrer. Mais cet aspect de son autobiographie me touche : ce combat, je le connais bien.

Pour Blandine, la lecture de la vie de Marcel Van représente une libération. Une rencontre personnelle avec Dieu. Elle n'a plus à souffrir de la culpabilité qui touche celle qui n'a pas vécu de transformation spirituelle. Depuis ma conversion, elle avait l'impression de vivre aux côtés d'un prêtre sans pouvoir réellement partager ce qui faisait le cœur de mon existence. Là, nous nous retrouvons main dans la main, en harmonie dans tous les domaines. Ce climat de confiance me donne la force nécessaire de parler à Blandine, comme je ne l'ai jamais fait auparavant, des fantasmes et des angoisses qui ont nui à ma vie affective au début de notre mariage. Je lui dis qu'elle m'a longtemps fait peur tant les images de mon passé me faisaient craindre de ne pas réussir à la satisfaire sur le plan sexuel et affectif. Lorsque nous sommes rentrés à la maison, nous avons parlé de Marcel Van à nos enfants. Le récit de son parcours les a beaucoup touchés. Sans doute sommes-nous prêts désormais à vivre ensemble une aventure spirituelle qui ferait se rejoindre les aspects professionnel et familial. Mais nous ne le savons pas...

Embauché par l'Église

Et si je recherchais une activité professionnelle au sein de l'Église ? La question a de quoi surprendre : hormis le sacerdoce, que peut-on bien faire qui justifie d'être rémunéré au nom du service de Dieu ? Pourtant, mon évolution rend cette interrogation presque naturelle. Les paroles de Jésus à Marcel Van sur le rayonnement spirituel de la France ont résonné en moi comme un appel : je dois agir ! Paradoxalement, je sens bien que la réussite de ma stratégie chez ce grand torréfacteur parisien peut me conduire à renouveler mes erreurs passées. Mes succès commerciaux me donnent légitimement le droit de postuler à une fonction hiérarchique plus élevée. Elle ne m'intéresse plus. Pour faire face à la demande des fournisseurs lyonnais — qui réclament désormais notre marque de café ! —, mon patron embauche un deuxième commercial qui n'aspire qu'à devenir chef. Nommé à ce poste qu'il convoitait, il maintient une grande distance à mon égard, en me faisant bien sentir la différence de traitement qui nous sépare : tandis que je reste fidèle à ma vieille Renault Express, il dispose d'une voiture d'une plus grosse cylindrée. Il m'est donc supérieur... Pour les avoir entretenues par le passé, je sais bien que ces rivalités sont stériles et m'écartent du chemin que j'ai vraiment envie de suivre. Un chemin risqué sur le plan professionnel : me sera-t-il vraiment possible de me prévaloir d'une expérience dans l'Église si jamais les choses tournent mal ? Avec Blandine, nous assumons le choix délibéré d'une diminution de salaire. Notre nouvel équilibre nous permet de nous lancer dans cette démarche d'abandon. De poser un acte de confiance. Nous choisissons de délaisser ces « matelas » dont avait parlé un prêtre, au cours d'une homélie remarquable. Nous renonçons aux garanties financières d'un poste où je réussis bien, nous quittons un réseau relationnel stable et enrichissant, de même qu'un environnement spirituel sécurisant. Je prends conscience que tous ces « matelas » sont illusoires. Aucune situation ne résiste aux aléas de la vie : que vaut une carrière exemplaire de vingt-cinq années dans la même entreprise quand se présente un plan social ou une restructuration exigée par un nouvel actionnaire ? Une fois le constat établi que la sécurité n'existe pas, l'audace paraît nettement moins aventureuse !

Vu de l'extérieur, notre choix semble complètement utopique. Pourtant, il représente une étape : Dieu nous invite à aller plus loin. Ce qui n'empêche pas de nourrir des craintes quant à cet avenir dont nous ne savons vraiment rien. La lecture des œuvres de Marcel Van m'aide à abandonner ces préventions et à rédiger mon curriculum vitæ. Elle a dû être aussi bénéfique pour ma recherche d'emploi : quelques jours après, un ami prêtre me fait une offre concrète. Recteur d'un sanctuaire dans la région Rhône-Alpes, il pense que mes compétences commerciales peuvent l'aider à promouvoir et à faire connaître le lieu et le saint qui y est honoré. Il veut développer le chiffre d'affaires des magasins qui reçoivent la visite des pèlerins et souhaite lancer une campagne de communication autour de la restauration de l'église. Après les produits alimentaires, me voilà dans un registre nettement plus spirituel ! Il n'est plus question de têtes de gondoles — ces présentoirs situés le long des allées des supermarchés et destinés à susciter la convoitise des consommateurs —, mais d'opérations de communication, de stratégie de marketing direct et de recherche de fonds. J'envoie ma lettre de démission. Alors que le responsable régional m'appelle pour me dire qu'il n'est pas utile que je me déplace à Paris pour solder ma situation administrative, le P-DG, me téléphone personnellement. Il veut me voir avant mon départ et m'offre le voyage à Paris. Il a tenu à m'inviter pour me faire ses adieux en tête à tête. Il a l'air profondément heureux des circonstances de mon départ. Elles sont radicalement différentes des conditions qu'il connaît habituellement. Je ne quitte pas la société à la suite d'un conflit ou pour rejoindre un concurrent. Au contraire, il me félicite de mon choix, dont il semble éprouver une certaine fierté.

Après le monde de la grande distribution, après l'univers des bistrots et des restaurants, je découvre de l'intérieur le fonctionnement de l'Église. La surprise est un peu douloureuse. Comme toute société, l'univers ecclésial reflète les grandeurs tout autant que les travers de l'âme humaine. Pas davantage, certes, mais pas moins. De la même façon, il existe des exceptions qui redonnent confiance en l'humanité ! Je rencontre Jean-Marc, le fondateur d'une agence de publicité et de communication qui a mis en place de nombreuses campagnes de dons pour des organisations catholiques. Sa réaction m'émerveille quand je lui demande de m'apprendre son métier et de m'enseigner quelques ficelles. J'ai six mois pour prouver que mon recrutement constitue un investissement rentable. Il aurait pu téléphoner au père Dominique en lui reprochant d'avoir embauché un incompétent qui ignore tout de sa nouvelle mission.

« Venez quelques jours dans notre entreprise, me propose-t-il au contraire avec un large sourire. Nous réfléchirons ensemble aux meilleurs moyens de faire connaître le saint du lieu à toutes les générations. »

Hélas, cette volonté d'œuvrer sans a priori pour le rayonnement de la foi n'est pas unanimement partagée dans l'Église. Trop de querelles de chapelles y subsistent encore.

Depuis quelques mois, nous avons fait la connaissance chez les scouts d'un jeune prêtre, aumônier d'une meute de louveteaux. Il vient d'être nommé dans la paroisse d'un village avoisinant et son intégration avec les prêtres du secteur se révèle problématique. L'objet du conflit ? Une différence de comportement et d'approche avec les fidèles qui se cristallise dans le port du col romain : le jeune prêtre a remis au goût du jour ce signe distinctif auquel la majorité de ses confrères a renoncé depuis le début des années soixante-dix au nom d'une plus grande proximité avec le commun des mortels. Lorsque nous l'invitons à dîner, nous apprenons avec stupéfaction que les autres paroissiens lui ont réservé un accueil glacial. Chaque semaine ou presque, il vient à la maison pour célébrer une messe dans l'ancienne étable, transformée en oratoire. J'aime bien ce lieu : avec un ancien pressoir, j'ai fait un autel de mes mains, et j'ai orné les murs d'une icône et de plusieurs photos de sainte Thérèse, de Marcel Van et de Jean-Paul II. Il nous semble important de convier des prêtres à notre table, de leur faire partager notre vie quotidienne. Quand nos enfants croisent un prêtre en pyjama dans le couloir, l'effet de désacralisation est immédiat. Moi, il me faut encore faire des progrès dans ce domaine : en arrivant au sanctuaire, j'avais encore tendance à idéaliser le monde dans lequel j'allais évoluer. Or, je pénètre dans un lieu qui occupe une place particulière dans le paysage de l'Église catholique française. À l'intérieur même de la direction du sanctuaire, je dois faire face à une certaine hostilité dans la mesure où mon embauche provoque des divisions et des conflits. Le constat est sans appel : l'état d'esprit des employés d'une entreprise d'Église n'est pas différent de celui que j'ai observé dans le monde professionnel, au sens le plus profane du terme. En revanche, je n'ai jamais été accueilli aussi fraîchement lors d'une prise de fonctions : je croyais naïvement que mon recrutement allait être accueilli de manière favorable. Heureusement, j'ai pu m'initier à des tâches que je n'avais jamais accomplies auparavant. Comme la participation à l'organisation d'un congrès. Cette responsabilité me met en relation avec les médias, catholiques ou profanes, que je dois convaincre de rendre compte de la manifestation. Pas simple !

C'est à partir de cette période que j'ai acquis la conviction que le message catholique ne s'adressait pas simplement à la presse confessionnelle et à ses lecteurs, déjà acquis à la cause de l'Évangile. Mon « labourage » n'a pas porté ses fruits immédiatement, mais le sanctuaire a fait l'objet, peu après, de reportages sur France 3. Quand les journalistes viennent nous rendre visite, je suis heureux de leur apporter le témoignage vivant d'un chrétien qui ne correspondait peut-être pas au portrait ringard qu'ils avaient imaginé avant d'arriver. Un reporter ne peut retranscrire ce qu'il n'a pas reçu. Autant témoigner, dans la presse ou devant une caméra, du visage radieux de la foi et de la joie de l'amour de Dieu...

Dans le même esprit, ma mission est de faire découvrir l'autre facette du saint vénéré. Le grand public ne connaît souvent que son aspect janséniste. Beaucoup ignorent ses merveilleux enseignements, dans lesquels transparaît la force de sa conversion. Il ne parle plus de manière cérébrale. Il parle avec le cœur. Si j'étais venu travailler au service de l'Église, ce n'était pas pour m'épuiser dans des querelles internes. Moi aussi, j'avais envie de parler avec le cœur de l'amour de Dieu qui avait changé ma vie. Je voulais qu'il touche tous ceux qui n'ont pas eu la chance d'être convertis.

Peu à peu, ma vie dévoile son sens profond : partager l'espérance. Cette espérance qui avait déserté Christophe, mon frère, et dont l'absence fait souffrir tant de personnes, tentées par l'horreur du suicide. Avec l'enthousiasme qui m'a toujours caractérisé, je veux indiquer le chemin de la Source au plus grand nombre. À la moindre occasion, je distribue des photos de Marcel Van et raconte son parcours à qui veut bien m'écouter. Est-ce un hasard si mon médecin fait elle-même le diagnostic de mon évolution ?

« Monsieur Mulsant a vraiment changé, confie-t-elle à ma belle-sœur, une heure après m'avoir reçu dans son cabinet. Je ne le reconnais plus. Auparavant, il semblait stressé en permanence, son énergie partait dans tous les sens. »

Une gomme magique n'a pas effacé toutes les difficultés du monde mais je les affronte avec beaucoup plus de lucidité et de sérénité.

Le visiteur

Marcel Van s'ingénierait-il à apparaître là où on ne l'attend pas ? Ce matin-là, comme tous les jours, je participe à la célébration des laudes avant d'aller prendre le petit déjeuner avec les prêtres du sanctuaire. En sortant de l'oratoire du presbytère, je discute avec une dame dont j'ai remarqué la présence. Elle est accompagnée d'un prêtre d'origine asiatique. Au cours de la conversation, j'apprends qu'elle s'occupe du procès en béatification de Marcel Van. Quant au prêtre, il s'agit d'un ami proche du petit Vietnamien. Religieux rédemptoriste comme lui, il a prononcé ses vœux le même jour et ils sont nés la même année. Il est venu au sanctuaire pour rendre visite aux séminaristes vietnamiens. Le soir, ils donnent une conférence sur le petit Marcel. Parmi les participants attentifs, se trouvera le père Jean-Christophe Thibaut. Mais cela, je ne l'apprendrai que plus tard, tout comme j'apprendrai quel fut l'impact de cette conférence sur son parcours.

À la fin de l'année 1998, deux semaines après cette rencontre avec ces proches de Marcel Van, je parle pour la première fois avec ce prêtre dont je n'ai pas oublié l'homélie prononcée à la messe du 15 octobre, pour la fête de sainte Thérèse d'Ávila. Nous faisons rapidement connaissance. Il lui arrive de concélébrer la messe à l'église du sanctuaire et il a repéré mes enfants parmi les enfants de chœur. Je lui apprends que je travaille pour la communication du sanctuaire et que je suis chef de groupe chez les scouts. Brève conversation, qui reprend deux mois après, au cœur de l'hiver. Fidèle à l'habitude familiale d'ouvrir notre table aux prêtres, j'invite le père Jean-Christophe à venir dîner un soir prochain à la maison. Le rendez-vous est fixé pour le 15 mars 1999 mais une nouvelle bronchiolite de Côme empêche notre rencontre, le jour de l'anniversaire de la naissance de Marcel Van.

Pourquoi suis-je d'humeur si joyeuse, ce 17 mars, quand il arrive dans mon bureau où une photo de Marcel Van trône sur le mur ? Tout au long de la longue distance qui nous mène à notre maison du Beaujolais, je ressens une sorte de plénitude. Quand nous arrivons à la maison, les enfants s'apprêtent à se coucher mais nous décidons de prier tous ensemble, comme tous les jours, dans la petite chapelle familiale. « Mon père, si vous voulez dire un mot… » À l'invitation de Blandine, le père Jean-Christophe rompt le silence qu'il avait observé jusque-là et commence à parler de Marcel Van ! Pourtant, il n'avait fait aucun commentaire sur l'omniprésence de « l'apôtre des enfants » tant dans mon bureau du sanctuaire que chez nous. Enchaînant anecdote sur anecdote, il manifeste une grande tendresse pour ce petit Marcel dont il semble bien connaître la biographie. Nos enfants l'ont écouté, captivés par son récit, puis nous quittons l'oratoire. Dès que nous sommes en tête à tête, je lui avoue ma surprise. « Savez-vous que Marcel Van occupe une place primordiale dans notre vie ? » Imperturbable, il répond laconiquement. « Oui, j'ai vu. Nous en reparlerons plus tard. » Il n'en faut pas plus pour exciter ma curiosité et susciter mon attention quand le père Jean-Christophe nous raconte l'itinéraire qui l'a conduit jusqu'à nous. Et jusqu'à Marcel Van.

Il a grandi dans une famille non croyante. Converti à l'âge de vingt ans, il est envoyé par son évêque au séminaire français de Rome. Le jour de son ordination, Mgr Raffin lui confie le souci particulier des vocations. Il a bien décelé le charisme du père Jean-Christophe auprès des jeunes. Nommé à Bitche, où il est vicaire de paroisses, celui-ci se met aussitôt à l'œuvre en créant un groupe « Vocations » au sein de l'aumônerie du collège Saint-Augustin. Régulièrement, il emmène ces jeunes à Rome pour les sensibiliser à l'universalité de l'Église. Depuis, une dizaine d'entre eux sont entrés au séminaire ou dans la vie religieuse.

Au cours de l'un de ces séjours dans la Ville éternelle, il rencontre l'évêque en charge du sanctuaire où je travaille. « J'aimerais bien qu'une équipe, comme la vôtre, de jeunes en recherche de vocation naisse dans mon diocèse », lui lance l'évêque. Or, à ce moment-là, le père Jean-Christophe ressent un appel intérieur à partir en mission, notamment dans les régions du globe qui souffrent d'un cruel manque de prêtres. Sa formation en islamologie et son expérience à Rome auprès de jeunes nord-africains dans une prison pour mineurs le conduisent à écrire à Mgr Tessier, archevêque d'Alger. La lettre est déjà rédigée. Il ne manque qu'un timbre pour l'envoyer quand un ami de passage lui suggère de continuer à œuvrer pour les vocations. Pourquoi n'ouvrirait-il pas une maison destinée aux jeunes ? Dans la mesure où un foyer séminaire existe déjà dans le diocèse de Metz, une implantation dans un lieu symbolique semble plus appropriée. Tiraillé entre ces deux appels, le père Jean-Christophe décide de s'en remettre à la Providence. « Je vais téléphoner à l'évêque, dit-il à son ami. Si je ne l'obtiens pas directement, j'envoie ma lettre en Algérie. »

Il décroche aussitôt le combiné. À sa plus grande surprise, c'est l'évêque en personne qui répond au standard de l'évêché ! Tous les deux prennent rendez-vous et s'accordent sur les conditions de la création d'un foyer pour jeunes en recherche de vocation. Avec l'accord de Mgr Raffin, le père

Jean-Christophe part pour ce sanctuaire, afin de jeter les fondements de cette maison. En outre, le père Jean-Christophe donnera des cours sur le lieu en sa qualité de spécialiste des religions. Nous réalisons qu'il s'est installé au moment même où je commençais à prendre mes fonctions au sanctuaire.

Interrompant son récit, notre interlocuteur nous regarde plus fixement. Il décrit l'esprit dans lequel il veut ouvrir ce foyer. « Il doit y régner un équilibre de vie qui permette aux jeunes de percevoir leur vraie vocation entre le mariage, le sacerdoce ou la vie religieuse. La présence d'une famille me paraît indispensable. » Sans s'interrompre, il révèle l'information de la soirée. « Je pense que cette famille, c'est vous. Et j'aimerais que le foyer soit placé sous le patronage de Marcel Van. » Comment expliquer cette incroyable succession de coïncidences ? Par quel moyen extralucide le père Jean-Christophe a-t-il su que nous étions guidés depuis plusieurs mois par le modèle du petit Vietnamien ? Qui l'avait renseigné sur notre parcours et l'avait convaincu de nous proposer cette aventure que nous n'aurions jamais imaginée ? Évidemment, personne ! « Je ne savais rien sur votre histoire, nous explique-t-il alors. Mais j'ai tout de suite pensé à vous, en me disant à plusieurs reprises que vous alliez sûrement me prendre pour un fou de vous adresser une proposition pareille. »

Son offre ne lui a pas valu de railleries de notre part, mais elle nous déstabilise profondément. Elle intervient à une période où nous nous interrogeons sur notre mode de vie au point d'en remettre en cause certains fonctionnements. La venue régulière de prêtres à la maison n'est-elle pas de nature à écarter — voire à écœurer — nos enfants de la pratique religieuse sous l'effet d'un trop-plein ? Professionnellement, je vis une période de fortes tensions : le départ du recteur des sanctuaires, qui avait décidé d'entrer chez les Jésuites, est source de tensions parmi le personnel.

« Jérôme est déjà très présent au sanctuaire, je ne sais pas si nous pouvons accepter. » Blandine exprime rapidement quelques réticences au sujet de la proposition du père Jean-Christophe. Je ne dis rien. Mes emportements de converti prompt à s'exalter pour la cause de Dieu ont trop longtemps étouffé celle que j'aime. Mon feu intérieur a pu causer des dommages à mon entourage sans que j'en prenne conscience. Intelligemment, le père Jean-Christophe nous assure que rien ne nous oblige à accepter. Plus il détaille le projet, plus je mesure combien il représente tout ce dont je rêvais. Mais je n'y croyais plus vraiment car j'ai expérimenté les limites d'un engagement professionnel au service de l'Église.

Je raccompagne notre visiteur à sa voiture. Quand je reviens, Blandine fait la vaisselle en silence. Sans un mot, nous nous regardons. Puis nous tombons dans les bras l'un de l'autre, nous savons que notre réponse nous rassemble. Oui !

Le lendemain, après avoir confié à Dieu notre nouvelle vie dans l'oratoire, je vais à la rencontre du père Jean-Christophe pour lui annoncer notre décision commune. Nous participerons à la création de ce foyer dont l'ouverture est prévue dans dix-huit mois, en septembre 2000. Ce choix relève-t-il de l'irrationnel, d'une folie douce qui se serait emparée de mon esprit ? L'influence de mon milieu social, de mon éducation et les vicissitudes de mes débuts professionnels m'ont plutôt enseigné la prudence et le réalisme. Mais, au fond de moi, je suis d'un tempérament enthousiaste, prêt à m'enflammer. Blandine est de nature plus réfléchie, elle analyse calmement les événements avant de se déterminer. Sans vraiment nous concerter, nous avons senti que le moment était venu de nous engager encore davantage. En toute liberté, nous avons répondu à l'offre d'un prêtre dont les convictions s'accordaient avec les actes. Il fallait avoir le courage de nous faire cette proposition, insensée aux yeux du plus grand nombre. D'autres auraient capitulé devant nos résistances. Il a parié sur la capacité de l'homme à accepter l'instabilité intrinsèque du cours de la vie. Il a misé sur notre foi en l'existence. Je conçois que notre parcours échappe à un raisonnement « normal ». Sommes-nous donc inconscients ? En la matière, le risque zéro est une illusion totale ! Naître tout nu face au reste du monde, c'est déjà faire preuve de confiance. Certains emploieraient le terme d'inconscience. La proposition du père Jean-Christophe renvoie donc à cette question fondamentale pour tout homme, croyant ou non : sommes-nous capables d'accomplir un acte sans y déceler d'emblée une logique irréfutable ? Avec Blandine, nous éprouvions le même désir de faire ce pas, sans savoir où il allait nous porter. En suivant Jésus, les apôtres connaissaient-ils à l'avance ce qu'ils allaient découvrir ?

À Dieu, rien d'impossible

Ce jour-là, le père Jean-Christophe est venu à Paris pour rencontrer la responsable de la béatification de Marcel Van, afin d'approfondir ses connaissances. Durant leur discussion, elle évoque l'idée d'une fraternité sacerdotale, rassemblant des prêtres et des religieux dans la spiritualité du petit Vietnamien. Cette éventualité n'entre pas dans les projets du père Jean-Christophe. Il souhaite ouvrir une maison pour jeunes en recherche de vocation, non fonder une fraternité sacerdotale, fût-elle d'un genre inédit ! Fin décembre 1998, il se rend à Rome, à la faveur d'une session des Focolari, un mouvement chrétien pour les familles. Avec le père Alexis, qui avait participé au lancement du groupe pour les vocations alors qu'il était séminariste stagiaire à Bitche, il rencontre Mgr Van Thuan, président du conseil pontifical Justice et Paix et postulateur pour la cause de béatification de Marcel Van. Au détour de la conversation, parmi de nombreux autres sujets, l'idée d'une fraternité rassemblant non seulement des prêtres, mais aussi des familles, des jeunes, des enfants... fait son apparition dans les propos de l'ecclésiastique. Au fond de lui-même, le père Jean-Christophe ne se sent pas du tout concerné par cette affaire ! Quand Mgr Van Thuan les bénit, lui et le père Alexis, afin qu'ils lancent cette fraternité, il est plutôt perplexe intérieurement. « Nous verrons bien ce que Dieu permettra, se dit-il. Mais je ne vais pas faire d'efforts pour fonder une structure si compliquée. »

Au printemps 1999, bien loin des préoccupations de Mgr Van Thuan, notre réflexion commune commence à s'élaborer, portée par une prière régulière et familiale. Pour la semaine sainte, nous avons effectué une retraite spirituelle tous ensemble pour vivre le mystère de Pâques, point culminant de l'année religieuse. Il n'est plus question de dissocier nos différentes activités. Comment ne pas faire partager à nos enfants ce qui fait le cœur de notre vie ? Cette unité, qui m'avait fui si longtemps, me paraît primordiale. Dans le même esprit, notre vie de famille doit absolument être protégée dans l'organisation et le fonctionnement du futur foyer. Ce qui nous attire avant tout, c'est la coexistence des différentes vocations — le mariage en est une, au même titre que la prêtrise ou la vie religieuse — et non la vie communautaire, avec partage de tous les repas et de l'ensemble des tâches ménagères. Le prêtre apportera à la famille sa singularité... et Dieu à travers les sacrements. En retour, celle-ci lui donne un équilibre sur le plan humain et affectif. Le cœur de notre vie future, c'est la prière et la mission en commun.

Nous nous réunissons tous ensemble, avec nos enfants, pour prier et confier à Dieu le projet qui est en train de naître. Le père Jean-Christophe a invité trois séminaristes ainsi qu'un diacre, promis au sacerdoce, qui s'intéresse beaucoup à Marcel Van. Ce moment de partage et de prière avec tous nos enfants me plaît beaucoup. Je suis même bouleversé lorsque Quentin, porté par la fraîcheur de ses huit ans, lit un texte de Marcel Van. Après un temps d'adoration, diverses lectures de textes du petit Marcel et de l'Évangile, nous nous retrouvons tous devant le Saint-Sacrement pour échanger. Naturellement, sans effort, le contact se noue entre les différents participants. La diversité des générations et des choix de vie est largement représentée. L'étonnant pouvoir d'unification de Marcel Van n'échappe pas à Pascale, la sœur de Blandine. Voilà vingt ans qu'elle essaie de lancer des groupes de prière avec des familles à Annecy, en compagnie de Bertrand, son mari. En vain ! « Et si nous priions en même temps que vous sur les mêmes textes de Marcel Van ? » suggère-t-elle, radieuse à la perspective de cette prière à distance. J'avoue que nous n'y avions pas songé. Le lundi suivant, nous leur faisons parvenir par fax quelques écrits de Van et nous inaugurons cette nouvelle forme d'intercession collective, qui grandit dès la semaine d'après. Notre ami diacre, en stage dans une paroisse de la région parisienne, manifeste son désir de se joindre à la prière avec une famille dont il est proche. Au sanctuaire, mais aussi à distance, notre groupe accueille bientôt une trentaine de personnes de tous âges.

Cet essor rapide ne laisse pas sans réaction l'entourage de l'évêque. Et s'il fallait anticiper l'ouverture du foyer, à la rentrée de septembre ? Soit un an avant la date initialement prévue. Le père Jean-Christophe juge l'éventualité assez irréaliste. Nous sommes à la fin du mois de mai. Les jeunes ont déjà prévu leurs inscriptions pour la prochaine rentrée : lequel d'entre eux serait assez fou ou imprévoyant pour intégrer un foyer inconnu qui ne possède pas les moindres références ? Trouver une habitation pour la famille en si peu de temps — avec une chapelle attenante — relève également de la mission impossible. C'est un petit village où il ne faut pas espérer louer une maison. Seul contre tous, Nicolas, le frère du père Jean-Christophe, n'est pas de cet avis. « Vous devez essayer, rien n'est impossible », dit-il à son aîné. Allons-y ! Je sollicite Francine, l'une de mes connaissances qui siège au conseil municipal. Perplexe, elle n'a pas l'air de détenir la solution à notre problème quand une idée lui vient… « Il y a bien une maison mais elle est située au bord de la route départementale. J'ai peur que ce ne soit pas terrible. »

Arrivés sur les lieux, nous découvrons que le logement dont elle nous a parlé se trouve à proximité d'une petite chapelle et d'une maison qui appartient au diocèse. Comble de surprise, nous connaissons très bien la propriétaire des locaux à louer, une de nos voisines dans le Beaujolais. En deux jours, nous venons de dénicher deux hébergements, l'un pour le foyer, l'autre pour la famille accompagnatrice. Le père Jean-Christophe n'a plus guère de raison objective pour repousser l'ouverture du foyer, d'autant que l'évêque et les prêtres qui lui sont proches, qui portent et soutiennent le projet, ont donné leur accord. Notre déménagement est fixé pour la fin du mois d'août. Le sanctuaire dispose d'une fourgonnette huit places, idéale pour transporter les pensionnaires. Il ne reste qu'à trouver les huit jeunes…

Le profil attendu n'est pas celui de futurs séminaristes. Nous recherchons des adolescents entre treize et dix-huit ans, tous réunis par la même interrogation : Dieu m'appelle-t-Il au sacerdoce ? Aidés par un prêtre, entourés d'une famille, ils pourront réfléchir sereinement à la question, tout en continuant leur scolarité dans l'école privée voisine. Mais le recrutement n'est pas aisé. L'évêque nous a demandé de ne recourir à aucune forme de communication publique. Seul le bouche-à-oreille est autorisé. Heureusement, il y a notre botte secrète : les foyers de prière Marcel-Van. Cette dénomination recouvre désormais tous les groupes qui se réunissent à travers la France pour prier en même temps. Ils portent tout spécialement notre souhait de voir huit jeunes nous rejoindre pour la rentrée. Un week-end de présentation pour permettre aux candidats de discerner a été prévu les 25 et 26 juin. Le lundi, une seule inscription a été enregistrée. Blandine et le père Jean-Christophe échangent des regards navrés. Je ne suis pas loin de partager leur abattement quand je me ressaisis. Tel un entraîneur de football remontant les troupes à la mi-temps d'un match, je les exhorte à ne pas perdre espoir. Chez moi, l'espérance resurgit toujours quand tout va mal. Un souvenir d'enfance, sûrement... D'ailleurs, les événements ne prennent pas en défaut mon optimisme, ou plus exactement ma foi en l'avenir. À l'heure dite, le samedi, cinq adolescents intéressés par le futur foyer Marcel-Van se présentent. Trois autres recrues s'inscrivent avant le début de l'été. L'effet des groupes de prière ?

Pinceaux, marteaux et rouleaux à tapisserie peuvent se mettre en action pour aménager la maison commune. En septembre, c'est l'ouverture ! Pour souder les liens de cette « famille » qui vient de se créer, nous partons aux Houches, en Haute-Savoie. À deux pas du Foyer de charité de La Flatière, où j'avais découvert le livre de Marthe Robin. Je suis heureux de revenir dans ces lieux à l'atmosphère apaisante et de confier à la petite paysanne de Châteauneuf-de-Galaure l'aventure spirituelle que nous vivons avec le père Jean-Christophe et un autre prêtre qui venait passer tous les mois une semaine avec nous, Blandine et toute notre famille, ainsi que les huit adolescents.

Pour moi, c'est Marthe Robin qui a tout déclenché. La simplicité de notre nouvelle vie, avec ses fous rires et ses engueulades en toute franchise, correspond bien à l'esprit de Marcel Van et à sa spiritualité du quotidien. À six heures, la journée débute par les laudes et le petit déjeuner est précédé d'un moment d'adoration. Je prends chaque matin mon café avec la joyeuse bande avant de réveiller mes enfants... et de me remettre à table en leur compagnie. Matin et soir, le père Jean-Christophe prend le volant de la camionnette pour emmener et récupérer ses jeunes protégés dans un grand établissement scolaire de la ville voisine. Ces journées sont rythmées par une prière et une messe quotidiennes. Après le dîner avec Blandine et les enfants, nous retrouvons le père Jean-Christophe pour de longues soirées tisane. Quel bonheur de porter cette mission tous les trois ! Je cherche vainement les rivalités ou les jalousies qui ont empoisonné mes rapports professionnels par le passé. Grâce au père Jean-Christophe, cette expérience nouvelle nous permet d'exprimer la plénitude de ce que nous sommes. L'équilibre de tous en est la pierre angulaire. Les jeunes pensionnaires respectent l'intimité de notre vie de famille et cette règle est réciproque. Un week-end sur deux est réservé à la vie communautaire, les autres aux activités des uns et des autres. Nous pouvons librement prendre la parole sur tous les sujets qui concernent le foyer Marcel-Van mais, dans le même temps, le père Jean-Christophe nous aide à affiner notre façon de nous investir. J'ai l'impression que nous expérimentons une nouvelle forme de collaboration entre les prêtres et les laïcs, qui s'appuie vraiment sur la complémentarité de chacun des partenaires. Les foyers de prière Marcel-Van sont également portés par ce vent nouveau, qui les conduit à essaimer jusqu'en Allemagne et au Canada. Internet a rejoint le fax et le courrier dans les modes de transmission des textes de Marcel Van. Certains prêtres vont même jusqu'à les photocopier pour les distribuer à la sortie de la messe, offrant aux familles la possibilité de prier, ensemble, en communion avec d'autres foyers. Dieu a l'art de provoquer des rencontres au-delà des frontières, et même de transcender les nombreux courants qui traversent l'Église catholique en France. Les foyers de prière rassemblent les charismatiques, les progressistes, les conservateurs… Autant de catégories qui sont une richesse pour l'Église si chacune respecte l'autre dans un souci fondamental d'unité. L'élan qui se dégage du foyer Marcel-Van commence à susciter des réflexions, voire des incompréhensions dans l'entourage de l'évêque. Il ne freine pas nos initiatives mais il nous enjoint de ne pas leur donner une publicité excessive. Tout à leurs interrogations sur leur engagement futur, à la solitude qui peut les attendre dans l'exercice de leur ministère, plusieurs séminaristes semblent séduits par la forme de vie que nous avons initiée avec les jeunes du foyer. Au point que trois d'entre eux viennent, un jour, rencontrer le père Jean-Christophe. « Nous avons le sentiment, lui disent-ils, que notre équilibre de prêtre peut reposer sur une complémentarité avec les familles. » Et d'ajouter qu'ils se sentent appelés à vivre, selon la spiritualité de Marcel Van et de Thérèse de Lisieux, au sein d'une fraternité qui rassemblerait des clercs et des laïcs. Précisément le type de communauté dont avait parlé Mgr Van Thuan au père Jean-Christophe…

Une mission d'amour

Ce matin de juillet 2000, le départ du père Jean-Christophe nous déchire le cœur. Il nous quitte pour retourner en Lorraine, dans son diocèse d'origine. Le développement des foyers de prière, qui n'étaient pas nés de l'initiative de l'évêque, devenait source de problèmes. Il semblait difficile que deux figures spirituelles fortes, tels le saint du lieu et Marcel Van, puissent coexister dans un seul petit village, avec la crainte que le projet spirituel ne s'affaiblisse et ne perde son unité dans un éparpillement de structures différentes. Enfin, la création d'une fraternité Marcel-Van se détournait de la mission initiale du foyer pour jeunes en recherche de vocations. L'évêque confie désormais le foyer Marcel-Van à des prêtres situés sur le sanctuaire et nomme un nouveau supérieur. Nous avons eu du mal à admettre cette décision mais, aujourd'hui, je comprends que la responsabilité d'un évêque est de faire des choix, même s'ils doivent être douloureux.

Contrairement au père Jean-Christophe, il ne nous est pas demandé de délaisser le foyer Marcel-Van. Mais il nous paraît impensable de ne pas répondre à cet appel de créer une fraternité. Notre vie nouvelle est tellement enrichissante qu'il me devient de plus en plus difficile de poursuivre ma mission au sein du sanctuaire, où les priorités et la philosophie ont changé depuis le départ du père Dominique.

Avant de retourner, une nouvelle fois, dans notre maison du Beaujolais, nous déposons officiellement les statuts de l'association des foyers de prière Marcel-Van, à Villefranche-sur-Saône, dans le diocèse de Mgr Louis-Marie Billé. À cette naissance, le 9 juillet, en succède une deuxième : celle de la future fraternité. À quel nom va-t-elle répondre ? La facilité imposerait Fraternité Marcel-Van ou Famille de Marcel Van, mais aucun de nous ne veut donner l'impression d'annexer l'héritage spirituel du petit Vietnamien. Van n'appartient à personne en exclusivité et plusieurs fraternités se nourrissent déjà de son message. Quel est donc le point commun qui nous réunit, au-delà de nos différents états de vie ? « Mission » ! Le mot jaillit dans les esprits. Nous sommes bel et bien des missionnaires : notre but est de faire connaître l'amour de Jésus, tel qu'il peut s'exprimer dans les dialogues entre Marcel Van et Thérèse de Lisieux. Nous serons donc les Missionnaires de l'amour de Jésus…

Le 4 août, quand je rencontre Mgr Billé, mon nom ne lui est apparemment pas inconnu. J'apprends par Blandine que nous venons de recevoir, le matin même, le courrier qu'il nous a adressé en réponse à la lettre où je lui annonçais la naissance des foyers de prière. De vive voix, le président de la Conférence des évêques de France me renouvelle ses chaleureux encouragements pour nos initiatives. Ils nous vont droit au cœur parce que nous recherchons toujours un évêque pour prendre en charge l'accompagnement spirituel de la fraternité. De son côté, le père Jean-Christophe reprend contact avec Mgr Raffin, l'évêque de Metz. La rencontre est paternelle, portée par un regard bienveillant sur ce que nous avons vécu. « Je pars à Lourdes dans trois jours. Rédigez par écrit les grandes étapes de ce que vous venez de me raconter et joignez-moi tous les documents nécessaires », dit-il en jetant un œil sur *Quel est ton secret, petit Van ?*, le livre que vient de lui remettre le père Jean-Christophe.

Tandis que Mgr Raffin part sur les traces de sainte Bernadette, nous nous envolons pour le Québec où nous sommes invités par les pères rédemptoristes, l'ordre religieux qui a donné à Marcel Van sa formation religieuse. Grâce à un généreux donateur — il a offert le voyage à toute notre famille et au père Jean-Christophe —, nous rencontrons la sœur de Van ainsi que plusieurs religieux qui l'ont bien connu. À notre retour de la

Belle Province, où nous avons aussi accompagné le lancement des foyers de prière et participé à une émission de radio sur une station locale, une lettre nous attend. Elle est signée de Mgr Raffin. La lecture des documents que nous lui avions remis l'a convaincu de l'intérêt de notre démarche. Mieux, il se dit prêt à nous accompagner sur le plan spirituel et à procéder à un « discernement ecclésial ». Mgr Billé, qu'il a rencontré à Rome au cours des Journées mondiales de la jeunesse 2000, a fini de le rassurer en lui disant qu'il nous avait rencontrés. D'ailleurs, Mgr Raffin profitera d'un déplacement à Rome pour évoquer notre cas auprès du cardinal Van Thuan.

Les événements se précipitent à une vitesse inimaginable. Pendant l'été, le nombre des foyers de prière s'est accru de manière spectaculaire. La barre symbolique de la centaine est dépassée. Leur composition sociale s'est considérablement élargie. Des détenus dans l'enfermement de leur cellule. Des personnes isolées. Des familles nombreuses. Des communautés paroissiales ou des congrégations religieuses. Toutes les formes de vie, tous les styles, toutes les sensibilités.

Maintenant, il faut nous atteler à la rédaction des statuts des Missionnaires de l'amour de Jésus tout en poursuivant nos activités respectives. Le père Jean-Christophe est aumônier des étudiants de Metz et des scouts. Les trois séminaristes se sont disséminés au gré de leurs obligations :

l'un travaille pour l'association Les Enfants du Mékong, le deuxième fait son service militaire civil dans la région parisienne et le dernier poursuit sa formation.

Je poursuis mon travail dans des conditions difficiles. L'éloignement du père Jean-Christophe, né d'une décision de mes supérieurs, a rompu la confiance avec ma hiérarchie. Surtout, je supporte douloureusement la cassure qui s'est produite dans notre rythme de vie, auquel Marcel Van n'apporte plus son souffle quotidien. Les premières réunions avec les Missionnaires de l'amour de Jésus me donnent des forces mais notre avenir s'écrit en pointillé : quelle sera la réaction d'un spécialiste reconnu du droit canon face aux statuts que nous avons élaborés sans vraiment savoir s'ils correspondent aux règles en vigueur dans l'Église ? Le verdict tombe le jour de notre rendez-vous avec un père jésuite, professeur de droit canon. Il a aidé à la rédaction des statuts de l'une des communautés les plus importantes du renouveau charismatique. Rien à voir avec une modeste fraternité balbutiante ! Avec Blandine et le père Jean-Christophe, nous scrutons le moindre indice sur son visage. Dans un grand silence, le père jésuite examine le texte. Soudain, son regard s'illumine. « Mais oui, c'est cela ! Avec cette complémentarité entre les prêtres et les laïcs, vous êtes au cœur des intuitions de Vatican II. » Ce constat le réjouit tant qu'il s'empresse de nous remettre des stylos. Tels des écoliers dociles, nous prenons sous sa dictée le texte des statuts. Le 6 janvier 2001, le père Jean-Christophe dépose le dossier complet dans la boîte aux lettres de Mgr Raffin. Aurions-nous osé y songer six mois plus tôt ?

Une nuit pour un projet

Nicolas a accepté tout de suite ma proposition. Le frère du père Jean-Christophe est mon ami le plus cher. Peut-être le pote que je n'ai pas eu au cours de mon adolescence, celui à qui on peut tout confier sans crainte d'être jugé de manière irrémédiable. Il veut donc bien m'accompagner, le temps d'une retraite, pour réfléchir conjointement à notre avenir professionnel. Mes différentes démarches pour quitter mon poste au sanctuaire n'ont pas abouti. Avec Nicolas, nous cogitons sur une idée qui pourrait rassembler nos compétences communes — moi, le commercial, lui, le graphiste — au service de l'Église. Je lui laisse choisir le lieu de la retraite. Marcel Van m'apprend de plus en plus à faire confiance, à me laisser guider par les rencontres que Dieu met sur notre route. Nous voilà à Bonnefontaine, en Moselle, dans un petit sanctuaire franciscain, à l'endroit même où Nicolas a vécu sa propre conversion. Un chalet en bois, perdu au milieu de la forêt, nous sert de refuge pour le week-end. Pour notre collaboration future, il y a un projet qui lui tient particulièrement à cœur. Il voudrait venir en aide aux familles les plus défavorisées. De quelle manière ? Avec quels moyens ? La discussion s'engage tout au long de l'après-midi et finit par mettre en relief un point crucial : à bien y réfléchir, nous ne connaissons rien à ces familles que nous prétendons sortir du marasme. Et si nous allions plutôt sur le terrain nous renseigner sur cette réalité qui nous est étrangère, malgré nos bonnes intentions ? En pleine nuit, nous filons en voiture vers Strasbourg, à trois quarts d'heure de route de là. Au commissariat, les réponses se font plutôt évasives. « Des structures pour les nécessiteux ? Oui, il en existe, mais on ne les connaît pas trop. Allez donc voir à l'hôpital. Là-bas, on devrait vous renseigner. »

Effectivement, les médecins du Samu sont plus loquaces que leurs collègues policiers. Ils nous expliquent que l'État a mis en place des structures, dont le financement est assuré par les allocations que perçoivent les personnes en difficulté. La création d'un lieu d'accueil qui aiderait les gens à reprendre des forces sans exclure la dimension spirituelle se heurte à de nombreux écueils. Ne serait-il pas « condamné » à recevoir toutes les personnes que l'État ne veut pas prendre en charge ? Dans ces conditions, quelles sont nos compétences pour assurer cet accueil ? Notre inconséquence, notre aveuglement nous sautent au visage. Sommes-nous pitoyables avec nos grands discours généreux qui ne s'appuient sur aucune étude sérieuse sur la pauvreté ! Sommes-nous ridicules dans nos habits de d'Artagnan voulant changer le monde alors que nous vivons dans une bulle, protégés des réalités du monde extérieur ! Voilà bien longtemps que ma fierté légendaire n'a pas subi un tel affront. Nos efforts humanitaires commencent à virer au désastre. Le dialogue avec mon pote tourne à l'engueulade. En réalité, sa colère trahit une profonde souffrance. Les discussions sur les familles en difficulté ont dessiné le profil de sa propre famille. Dans ce portrait-robot, tendu comme un miroir, Nicolas s'est reconnu. Au chômage, miné par le doute sur de nombreux plans, il traverse une passe délicate. Brutalement, mais avec une grande honnêteté, il prend conscience de sa situation. Le choc est terrible. La blessure lui enlève toute motivation pour le projet que nous devons mener. Je lui martèle sur tous les tons qu'il ne faut pas baisser les bras. Selon un principe désormais bien identifié, cette secousse, qui a la force d'un tremblement de terre, réveille en moi un dernier sursaut. Instinctivement, je lance une idée, comme un ultime recours.

« Eh bien, si l'on ne peut pas secourir ces familles, il faut leur faire connaître Marcel Van. S'il en est un qui peut les aider à trouver l'espérance et à donner un sens à leur vie, c'est bien lui. Puisque je connais le monde de l'entreprise, j'irai chercher de l'argent. Toi, tu imagineras des produits pour faire connaître Marcel Van.

— Jérôme, ce sera sans moi. Toi, tu sauras t'y prendre. Tu vas faire le lien entre le monde de l'entreprise et l'univers de l'Église. Tu seras mendiant pour Marcel Van. »

Je suis trop énervé pour relever la formulation de Nicolas. Sa réaction me rend furieux parce qu'elle fait voler en éclats nos rêves de collaboration commune. À trois heures du matin, nous interrompons nos discussions, dans un état de nerfs assez indescriptible. Tendu, triste, je suis trop mal à l'aise pour dormir très longtemps. Au lever du jour, la forêt m'offre son calme et son silence pour un moment de prière et de récitation du chapelet. À mon retour dans le chalet, instinctivement, je note sur un bout de papier cette seule formule : « Mendiant pour Van. » Pour l'heure, l'intitulé est assez opaque… Durant la messe, ces mots dansent dans ma tête jusqu'à l'homélie du père franciscain, qui célèbre la messe en ce 7 janvier 2001, dimanche de l'Épiphanie. Bien évidemment, il est question des Rois mages, guidés par l'étoile du Berger jusqu'à Bethléem. Le mot « mage » est de circonstance puisqu'il renvoie aux initiales des Missionnaires de l'amour de Jésus (MAJ). Mais c'est surtout les paroles du prêtre qui résonnent en moi, d'un écho tout particulier. « Tandis que les scribes et les prêtres restaient chez eux, à l'abri de leurs livres savants, les mages se sont mis en route vers ce Messie dont la naissance était annoncée. Et nous, aujourd'hui, dans nos existences de chrétiens, sommes-nous prêts à partir pour la Bonne Nouvelle ? Vous qui êtes dans cette église, je vous invite, tels les Rois mages, à prendre des chemins nouveaux. Mettons-nous en route ! » À la fin de la cérémonie, alors que je m'apprête à recevoir la bénédiction que le prêtre franciscain donne à tous les fidèles en ce jour de clôture de l'année jubilaire, Nicolas s'approche de moi. Il me met la main droite sur l'épaule pour que je reçoive aussi, à travers lui, cet envoi en mission. À l'oreille, il me glisse quelques mots. « Jérôme, cette messe a été dite pour toi. » Pendant que la foule sort de l'église, nous attendons le père franciscain. Avec sa robe de bure et son visage rayonnant, il incarne à merveille la simplicité et la bonté chères aux disciples de saint François d'Assise. Nous apprenons qu'il a passé sa vie dans les quartiers chauds, à accompagner les prostituées et les paumés de la vie. Après qu'il a béni nos croix de Saint-François, nous quittons le monastère. Dans la voiture, Nicolas brise soudain le silence. « Je voudrais te demander quelque chose, me dit-il. J'aimerais que tu parles à ma femme de ce qui s'est passé. Je n'ai pas la force de lui raconter ce dont j'ai pris conscience au cours du week-end. » Arrivé chez mon pote, j'ai expliqué à son épouse combien Nicolas avait été retourné par notre réflexion sur les familles en difficulté, comment elle l'avait conduit à s'interroger sur sa propre situation.

Sur le chemin qui me ramène dans le Beaujolais, je songe à tout ce qui vient de se produire. Comme dans un puzzle, les morceaux se mettent progressivement en place pour dessiner une évidence. Les contours de mon engagement futur. J'irai solliciter auprès des chefs d'entreprise les moyens financiers et les compétences nécessaires à des projets d'évangélisation. Des projets qui ne concerneront nullement la restauration ou l'entretien de bâtiments ou d'églises. Je veux atteindre tous les gens qui n'ont pas accès au message de Dieu. Mon parcours prend toute sa cohérence. Le suicide de Christophe, la force de ma conversion après toutes les épreuves traversées me font brûler de l'envie de transmettre l'espérance à tous ceux qui l'ont perdue. Au premier chef, la jeunesse ! Trop souvent, elle s'égare, comme je me suis longtemps égaré, à force de ne pas trouver un chemin de construction personnelle. Comment ne pas songer à l'appel de Thérèse de Lisieux qui invitait Marcel Van à répandre l'amour de Dieu en France et dans le reste du monde ? Cet amour, je veux le répandre à mon tour dans le cœur des chefs d'entreprise, car j'ai la conviction que ces hommes ont un sens très fort du bien humain. Les responsabilités qu'ils assument les rendent sensibles à l'avenir de la jeunesse et à son épanouissement, au-delà de l'apparat de façade dans lequel ils évoluent parfois. Prestige de la fonction oblige, ils sont entourés d'une cohorte d'assistantes et roulent dans de puissantes voitures. Mais je suis persuadé que ces barrières sont artificielles : peut-on vraiment jouer un rôle de management si l'on n'aime pas s'occuper des hommes ? La recherche du pouvoir et l'envie de gagner de l'argent sont forcément complémentaires d'ambitions plus généreuses et moins intéressées. En parlant de ces chefs d'entreprise, ne suis-je pas en train de parler de moi-même ? De retisser peu à peu les fils de mon parcours, de lui donner un sens qui m'a trop longtemps échappé ? Voyage plein de secousses que cette introspection au plus profond de mon cœur ! Mais c'est un voyage vers la liberté intérieure, celle qui permet de se connaître dans tous ses aspects et d'agir sans se mentir ! Ces quatre heures de route m'ont fait un bien fou. Comme si j'avais évacué le trop-plein de souffrances et d'angoisses que je retenais depuis tant d'années. D'ailleurs, quand j'arrive à la maison, mon premier réflexe est de fondre en larmes dans les bras de Blandine, de me soulager de cette intensité d'émotion. Mais je pleure aussi de souffrance, tant il m'est pénible d'avoir été libéré de ma prison alors que mon pote Nicolas reste prisonnier dans sa cellule intérieure. Comme à son habitude, Blandine m'écoute avec cette douceur attentive qui m'émerveille et avait conquis mon père dès leur première rencontre. Mon projet serait en droit de susciter son scepticisme le plus radical. De fait, elle affiche une certaine incrédulité face à ce concept dont l'esprit le plus avisé aurait du mal à dégager les grandes lignes. Mais elle a l'art de dépasser ses préventions. « Pourquoi pas ? » me lance-t-elle quand j'ai fini de lui expliquer comment j'envisage ma future mission. Chez elle, ces mots ne recouvrent pas cette lassitude désabusée qu'on entend trop souvent chez ceux qui n'ont plus foi en la vie. Ils manifestent sa confiance en l'avenir : avions-nous prévu tout ce qui nous arrive depuis la première visite du père Jean-Christophe, il y a moins de deux ans ? Aurions-nous pensé, une seule seconde, que les foyers de prière se compteraient, à ce moment-là, au nombre de deux cents ? Difficile de ne pas reconnaître que nous ne sommes pas pour grand-chose dans la succession d'événements que nous connaissons. Quand ils surviennent, nous nous rendons disponibles pour les recevoir afin d'essayer de vivre ce à quoi nous sommes appelés.

À la porte des entreprises

« Mon pauvre Jérôme, tu es complètement inconscient. Je te rappelle que tu as quatre enfants. Regarde les choses en face : ton projet ne tient pas la route. Et puis, il est contradictoire de vouloir te mettre au chômage pour profiter des Assedic. Vraiment, t'es tombé sur la tête… » La première réaction d'Éric, un ami chef d'entreprise, me fait redescendre du petit nuage spirituel au sommet duquel j'avais imaginé mon projet. Je l'ai connu dans le cadre de mon travail au sanctuaire, quand la société qu'il dirige avait été sollicitée pour réfléchir à la politique de communication concernant la restauration de l'église. Ce n'est pas un gamin. Père de quatre enfants, P-DG de deux succursales à Paris et à Lyon, il ne m'a pas attendu pour connaître le sens du mot responsabilité. Je lui explique que mon entreprise se dénommera Dieu donne. « Tu vois, dis-je avec la flamme qui peut me caractériser, c'est Dieu qui nous donne tout. Depuis le départ, tout ce que nous vivons avec

Marcel Van, c'est Lui qui l'a mis sur notre route. Nous étions libres de le refuser ou de l'accepter. »

Éric sait de quoi je parle : deux ans plus tôt, il s'est converti au catholicisme. Il me faudra trois heures de discussion pour le convaincre du bien-fondé de mon idée. À quelques nuances près ! Je renonce à m'inscrire aux Assedic, tant ce geste aurait signifié de ma part la volonté de me confectionner l'un de ces petits matelas de sécurité dont j'apprends à me passer. Éric me suggère aussi de changer l'appellation de mon projet.

« Les chefs d'entreprise ne verseront pas facilement de l'argent à une structure qui s'intitule "Dieu donne", m'assure-t-il. Quel est le but de ce que tu veux créer ?

— Le financement de projets d'évangélisation.

— Appelons donc cela l'OFPE. »

Et c'est ainsi qu'est née l'Organisation pour le financement de projets d'évangélisation…

Autour de son berceau, le nouveau-né ne tarde pas à trouver ses premiers cadeaux. Offerts par Éric, son parrain. Il m'annonce qu'il réalisera gratuitement la plaquette de présentation et la charte graphique de tous nos documents de promotion. Mieux, il veut bien entrer dans le conseil d'administration. Tout à ma joie, je me dis qu'il va prendre en charge l'ensemble de la conception puisque je lui ai expliqué ma démarche en détail. Éric me rappelle à mon devoir, en me demandant d'écrire les textes et de rassembler les photos qui figureront dans la brochure de l'OFPE. Le soir même, il me téléphone. L'idée qu'il avait contestée violemment au départ a déjà mûri dans son esprit.

« Jérôme, j'ai réfléchi. La dénomination la plus juste, c'est OFPE, une entreprise pour Dieu. »

L'enthousiasme d'Éric et la justesse de sa trouvaille ont un effet contagieux ! Pourtant peu à l'aise en matière de rédaction — lacunes héritées de l'école buissonnière de ma jeunesse —, je me mets à écrire les textes pour la plaquette avec une ardeur surprenante. En trois jours, j'ai bouclé mon affaire. L'inspiration vient au cours d'une messe, d'un temps d'adoration ou pendant la nuit, imposant les textes dans mon esprit avec une précision étonnante. La performance aurait laissé pantois n'importe lequel de mes professeurs de français qui n'en finissaient pas de désespérer de mes piètres capacités. Éric lui-même m'a confié dernièrement qu'il était stupéfait de l'aspect prophétique de mes écrits : depuis, tout s'est réalisé ! J'ai trouvé les mots qui me conviennent pour expliquer comment l'Église doit utiliser les outils de communication du IIIe millénaire afin de faire connaître son message. Il y a urgence à soutenir des projets d'évangélisation au cœur d'une société qui peine à trouver des motifs d'espérance. L'OFPE se propose de relayer la générosité des chefs d'entreprise qui souhaitent contribuer à la transmission de valeurs auxquelles ils croient profondément mais qui n'ont pas le temps nécessaire pour mettre en œuvre cette ambition. Nous voulons aussi soutenir l'action de l'Église. Il n'est pas question de fonder une structure parallèle, encore moins concurrente, puisque nous ne soutiendrons que les projets validés par les évêques des diocèses concernés. Faute d'être en nombre suffisant, les prêtres n'ont pas les moyens matériels de partir à la recherche de fonds supplémentaires. Faut-il tordre définitivement le cou à l'idée reçue selon laquelle l'Église de France est riche et n'aurait nullement besoin de ressources supplémentaires ? Son budget annuel s'élève à 2,5 milliards de francs, quand celui de l'Éducation nationale est de 500 milliards de francs. Or, les donateurs particuliers sont déjà extrêmement sollicités : mon expérience au sanctuaire m'a montré que les plus généreux figurent sur des fichiers que s'échangent les différentes associations confessionnelles et caritatives. Il faut donc prospecter au-delà de ce cercle habituel et s'aventurer sur des terres inexplorées, riches de gisements inexploités.

« L'argent ne manquera jamais. Il suffit de le déplacer. » Je songe à cette phrase de l'évêque de Namur, prononcée un jour qu'il se trouvait en pèlerinage au sanctuaire avec les fidèles de son diocèse. Ce propos prend un sens encore plus aigu alors que je réfléchis à de nouvelles sources de financement. Précisément, où se trouve l'argent dans notre société ? Essentiellement dans les entreprises, qui détiennent les forces de production de l'économie. N'existe-t-il pas une certaine logique à ce que l'argent produit par le travail des hommes contribue ensuite à la construction d'une société plus humaine ?

De ce beau principe à sa réalisation concrète, il y a un pas que de nombreuses rencontres vont m'aider à franchir. Décidément, Dieu sait provoquer les connexions nécessaires entre nous pour accélérer le cours des événements. Trois semaines après notre week-end dans le sanctuaire franciscain avec Nicolas, je me rends à la sous-préfecture de Villefranche-sur-Saône pour déposer les statuts de l'OFPE. Comme je ne veux pas mélanger les genres — cette association ne m'appartient pas —, j'ai demandé à Bertrand, mon beau-frère, notaire à Annecy, et à Myriam, l'une des sœurs de Blandine, d'entrer dans le conseil d'administration, dont Éric, qui s'était porté candidat dès le premier jour, est le vice-président. Ils en sont respectivement le président et la trésorière. Je suis heureux de mêler à cette aventure des gens d'horizons très différents. À la suite d'Éric, mon premier interlocuteur, est venu Henry, un ingénieur, consultant en informatique. Mon projet le rend tellement enthousiaste qu'il propose spontanément de fabriquer le site Internet de l'OFPE. Il y a aussi Arnaud, l'expert-comptable, marié à une amie de Blandine, dont le sérieux et le caractère posé m'impressionnent beaucoup et rendent son jugement crédible à mes yeux. J'ai besoin de valider mon intuition, si prophétique soit-elle. « À l'avenir, je veux bien m'occuper de la comptabilité de l'OFPE », me dit-il, lui qui a créé son propre cabinet et a accompagné plusieurs personnes dans la création d'entreprises.

Ces premiers encouragements me donnent des ailes pour prendre d'autres rendez-vous et nouer des contacts. On est souvent récompensé de dépasser sa timidité et d'aller vers l'inconnu. À de multiples occasions, je vais vérifier cette règle, essentielle en matière de relations humaines. En particulier lors de cette semaine de février que j'ai décidé de consacrer à mes premières prospections à Paris. « Tu pourrais peut-être rendre visite à l'un de mes oncles, me suggère une amie que j'ai connue à l'époque où j'étais chef de groupe chez les scouts. Il dirige une banque. » En toute innocence, je m'attends à rencontrer le chef d'une petite agence de quartier, dans un arrondissement de la capitale. J'ignore que je vais rentrer en relation avec le directeur général de l'un des plus importants établissements bancaires de France. Au cours du déjeuner qui nous réunit avec Éric, nous lui présentons le projet de l'OFPE et lui racontons l'histoire de Marcel Van et la fondation des Missionnaires de l'amour de Jésus. Il se montre très intéressé, mais c'est un autre élément qui va susciter sa réaction la plus forte. Quand Éric lui tend notre plaquette, cet homme à l'élégance discrète sort de sa réserve policée. « Cette croix, au beau milieu de la page, c'est vraiment osé. Et ce titre, "Une entreprise pour Dieu"... Je connais bien les chefs d'entreprise, je ne sais pas comment ils vont réagir. »

Interloqués, nous le regardons ; il continue à exprimer ses convictions profondes. « Ce Marcel Van, je ne le connais pas trop, je ne sais pas de quoi il retourne. Mais il y a une chose dont je suis sûr : vous avez raison de vous occuper de l'évangélisation de la France. L'urgence est dans notre pays : il faut s'occuper de lui ! Dans notre entreprise, trente pour cent des employés sont obligés de prendre des antidépresseurs parce qu'ils craignent d'être victimes d'une agression dans l'agence bancaire où ils travaillent. Personne ne mesure le désespoir que cela représente. Oui, je vous en supplie, soutenez de toutes vos forces des projets d'évangélisation ! » Il reprend à peine son souffle et se tourne vers moi. « Quel âge avez-vous, monsieur Mulsant ? » Étonné, je réponds que j'ai trente-cinq ans. « Moi, j'en ai soixante. Eh bien, figurez-vous que vous êtes en train de me donner une claque. Quand je regarde ma vie, je me demande bien ce que j'ai fait pour l'Église. »

Cramoisi, je ne sais pas comment réagir face à la prise de conscience intime de ce cadre de haut niveau, dont rien ne me disposait à recevoir les confidences. Il nous a donné quelques conseils sur la plaquette, nous disant que le P-DG de la banque n'accepterait pas forcément que l'entreprise débloque des fonds pour une association d'Église. Lui-même ne s'est pas engagé à titre personnel : sans doute avait-il besoin d'un peu de temps pour tirer les leçons de notre rencontre et de la remise en cause personnelle qu'elle impliquait.

De mon côté, je suis bouleversé par la scène qui vient de se produire. Peu à peu, je découvrirai que le choc ressenti par ce banquier est symbolique des réactions que suscite notre démarche. Elle ne laisse jamais indifférent. L'un de mes oncles, sursaute quand je lui raconte l'aventure familiale que nous vivons. C'est justement la dimension familiale qui l'inquiète. Avec sa femme, ils ont gardé le souvenir de mon adolescence perturbée et de tous les tracas qu'elle a causés à mes parents. Spontanément, ils n'accordent pas une confiance absolue à mes initiatives ! Dans le cas précis, certaines dénominations étranges comme « Foyers de prière Marcel-Van » ou « Missionnaires de l'amour de Jésus » leur font suspecter que j'embarque sur une galère, avec femme et enfants, sans donner à mon entourage les moyens de rester à l'abri de mon coup de folie.

Quelques heures plus tard, je revois mon oncle. Il me tend une carte de parking. « Voici le moyen d'accéder à ma voiture. Je te la prête pour toute la durée de ton séjour et de tes recherches. » À sa manière, il m'apporte son soutien à ce projet que je lui ai bien présenté comme une création d'entreprise. J'ai employé le même mode d'approche avec un autre de mes oncles. Tous les deux, nous ne nous sommes jamais compris. Les frasques de ma jeunesse lui faisaient dire que j'étais un sale gosse, mal élevé, dont il n'avait pas une haute opinion. Au moment de décrocher le téléphone, je tremble de peur de l'affronter. Les rencontres avec les membres de ma famille me terrorisent parce qu'elles constituent une épreuve de vérité. Devant les chefs d'entreprise, je peux me présenter avec mes habits neufs et frais, sans crainte d'être jugé sur le souvenir peu flatteur d'une image antérieure. Avec mes oncles, j'ai la peur terrible qu'on me jette brutalement à la figure mon ancien costume, en me réduisant à mes errements du passé.

J'ai sous-estimé la capacité de mon oncle à m'accueillir sans être prisonnier d'idées préconçues. Pour la première fois, nous discutons en toute sérénité, alors que nous ne sommes jamais parvenus à communiquer durant trente-cinq ans. Je n'en reviens pas d'entendre mon oncle me confier comment il vit sa foi. Je découvre un homme de cœur, qui exprime ce qu'il ressent au plus profond de lui-même. « Ce que tu entreprends est fondamental. Continue à le faire. » Son encouragement me va droit au cœur. Il prouve que l'action future de l'OFPE peut mobiliser des forces incroyables. Comme celles de cet ami, directeur marketing chez un grand constructeur automobile : certes, il n'a pas convaincu la firme de s'engager à nos côtés mais, à titre personnel, il nous soutient en nous adressant des dons réguliers. Il y a aussi la motivation extraordinaire de Mary Ann, gérante d'une société de traduction à Paris. À ce titre, elle traduit en anglais des textes pour des familles anglo-saxonnes qui souhaitent participer à nos foyers de prière. Parcours atypique que celui de cette petite femme, mariée à un Suisse et mère de neuf enfants ! Née aux États-Unis, elle a fréquenté les mêmes bancs d'école que l'actuel évêque auxiliaire de New York et elle est devenue une amie personnelle de Mgr Van Thuan, le postulateur pour la cause de béatification de Marcel Van.

« Je n'ai pas beaucoup d'argent à vous donner, me dit-elle avec son inimitable accent américain. En revanche, je vais vous mettre en relation avec quelques personnes. » Incroyablement modeste, cette femme est remarquable d'humilité et de discrétion.

Comment ne pas être ému jusqu'aux larmes par toutes ces rencontres que m'offre ma mission à l'OFPE ? L'émotion est justement à son comble quand je me retrouve en tête à tête avec Michelle, la maman de Marine. Avec son mari, ils m'ont beaucoup aidé durant mon adolescence. Ils m'ont toujours laissé ouverte la porte de leur maison, située quasiment en face de celle de mes parents. Combien de fois ai-je été heureux de discuter avec eux quand je venais voir leur fille, la confidente qui a accompagné toutes mes turbulences ! L'ambiance qui régnait chez eux me faisait du bien et je me souviens de longues heures passées à discuter seul à seul avec Michelle, dans l'atelier d'encadrement où elle travaillait.

Ce jour-là, de passage dans la rue, je me décide à sonner à leur portail. J'apprends qu'elle souffre d'un cancer avancé. J'éprouve un certain malaise à lui parler d'espérance, à lui confier mes envies de contribuer à l'avenir de la jeunesse. Elle me demande de ne pas m'interrompre car mon projet l'intéresse. « Nous allons t'aider, me glisse-t-elle, te mettre en relation avec des connaissances de notre entourage. » À travers ses propos, je sens qu'elle s'est ouverte à de nombreuses interrogations sur le sens de la vie et de la mort. De même, les questions liées à la foi ne la laissent pas indifférente. Récemment, alors que je rendais visite à maman, j'ai appris qu'elle était décédée. Elle avait raconté ma visite à ses enfants, ce qui prouve qu'elle n'avait pas été insensible au sujet de notre discussion.

Chaque rendez-vous pour l'OFPE m'apporte son lot de surprises. Je ne sais jamais quel est le parcours personnel de mon interlocuteur. Est-il croyant ou non ? Pratiquant régulier ou athée convaincu ? Suis-je crédible si je raconte que l'idée de la Croix du Christ figurant sur notre plaquette est née dans l'esprit de deux collègues d'Éric que rien ne disposait à concevoir une telle invention ? Et, pourtant, c'est l'exacte vérité ! L'un est juif non pratiquant, l'autre est athée. Pouvais-je imaginer que ma route croiserait celle de journalistes du *Figaro*, donnant naissance quelques mois plus tard à un long article qui a grandement aidé à la promotion de l'OFPE ? C'est ainsi que j'ai été invité à participer à un débat sur KTO, la chaîne catholique du câble et du satellite, aux côtés du secrétaire général de la Conférence des évêques de France, chargé des questions financières, et d'autres responsables reconnus de l'Église, tels le responsable financier du diocèse de Paris et son homologue du diocèse d'Évry. Incroyable effet boule de neige ! L'un des deux associés d'Éric — le non-croyant — s'est arrangé pour regarder l'émission sur Internet. Comme il le dit lui-même, mon témoignage l'a interpellé, même s'il est incapable d'en donner les raisons. Il cherche désespérément à comprendre les motivations qui poussent un type comme moi à courir les entreprises dans le but de trouver de l'argent pour l'évangélisation.

Pour l'heure, je n'en ai guère déniché et la situation devient préoccupante. Aucun chèque providentiel n'est encore venu gonfler le compte de l'OFPE. Mon inquiétude est si grande que je m'effondre en larmes lors d'une conversation téléphonique avec le patron d'une ciergerie, l'un des plus importants fournisseurs des paroisses en France. Ces angoisses, il les connaît bien, quand survient l'heure de faire face à ses créances et aux salaires de ses employés. Il m'annonce qu'il va m'envoyer un chèque de dix mille francs. Hélas, ce geste généreux ne règle pas la situation en profondeur. Un chef d'entreprise m'a bien promis un don de cinquante mille francs mais la somme n'arrive toujours pas. Et si je négociais un licenciement auprès des responsables du sanctuaire ? Mon directeur ne vient-il pas de me demander de remettre ma lettre de démission ? Il a constaté — avec raison — que mon esprit a délaissé mon travail actuel pour s'investir totalement dans le projet naissant. Mais je ne peux me permettre de quitter mon travail sans aucune garantie financière.

Faire confiance aux enfants

Quelques jours bienvenus de vacances me soulagent un peu des angoisses financières de l'OFPE. Avec Blandine et les enfants, nous partons pour le Pays basque. Là-bas, nous retrouvons un ami radiologue que nous n'avions pas vu depuis longtemps. Il nous apprend qu'il a effectué une démarche personnelle de conversion lors d'un pèlerinage à Rome pendant la période du jubilé. La plaquette de l'OFPE déclenche son enthousiasme immédiat. Il veut m'aider et nous invite à dîner. À table, nous faisons la connaissance de Tim Guénard, dont le témoignage extraordinaire, dans lequel il raconte comment il s'est montré « plus fort que la haine[1] », fait exploser toutes les ventes en librairie. À cet instant, je suis loin de me douter que l'éditeur de Tim me contactera quelques mois plus tard pour que je raconte à mon tour mon expérience personnelle. La soirée est très agréable,

1. *Plus fort que la haine,* Presses de la Renaissance, 1999.

nous sympathisons aussi avec Martine, l'épouse de Tim. Avec Blandine, nous avions juste un peu entendu parler de lui et de son ouvrage. Au cours de la conversation, Antoine, notre ami médecin, me pose soudain une question aussi franche que directe. « De quelle somme as-tu besoin pour faire face à tes obligations ? » À ce moment, mon compte en banque affiche un montant de dix mille francs. Pas suffisant pour assurer mon salaire, qui s'élève à quatorze mille francs, mais représente en réalité vingt-trois mille francs avec les charges sociales. S'il me donne de l'argent, je saurai tout de suite l'utiliser, d'autant que j'ai également besoin d'un ordinateur portable, indispensable pour mes prospections auprès des chefs d'entreprise. « Reviens demain après-midi à la maison, me lance Antoine. J'irai à la Fnac acheter ton ordinateur. »

Comment le remercier ? Ce don me met mal à l'aise tout autant qu'il me rend heureux. Mais il nous donne raison de nous être engagés, Blandine et moi, sur la voie de la confiance. Car, depuis quelques jours, j'ai quitté mon poste au sanctuaire… sans la moindre garantie financière. Évidemment, il était impensable que je démarche les chefs d'entreprise tout en percevant des allocations de chômage. Quelle aurait été la réaction de mes interlocuteurs s'ils avaient eu connaissance de ma situation ? Je les imagine parfaitement m'apostropher en ces termes : « Mais, mon vieux, préoccupez-vous donc de trouver un travail et de subvenir aux besoins de votre famille. Remplissez d'abord vos devoirs d'époux et de père de famille, vous œuvrerez plus tard pour le bien de l'Église et pour la gloire de Dieu. » Sommes-nous donc illuminés au point d'abandonner une situation financière stable et un poste à temps plein ? Au contraire, pour nous, cette décision s'inscrit dans une logique. Celle qui consiste, à travers la prière, à se laisser guider par Dieu. « Marcel Van, conduis-nous ! » Par ces actes, nous donnons un sens à ces paroles que nous prononçons tous les jours. Il y a aussi cette prière, écrite par le père Jean-Christophe sur la base de textes de Marcel Van et récitée chaque matin : « Ô mon Jésus, la sainteté de la vie ne consiste pas dans mes paroles mais dans l'accomplissement parfait de la volonté de Dieu. Je ne recherche aucune charge, aucune satisfaction. Je ne demande ni souffrance ni consolation. Tout ce que le Seigneur m'envoie, c'est la route que je suis, la route de la confiance et de l'abandon. Je vis dans la sainte volonté de Dieu comme le petit enfant dans le sein de sa mère. Avec mes mains qui nettoient les marmites, j'ai le pouvoir de sanctifier le monde entier. Qui suis-je ? Un missionnaire de l'amour de Jésus qui vit dans la foi. »

S'abandonner ! Faire confiance ! Périlleux défi dans une société qui vous apprend à limiter tous les risques ! Riche expérience humaine qui s'accompagne d'hésitations et d'une… trouille monumentale ! Car, ce 27 août 2001, nous n'en menons pas large avec Blandine, quelque part sur une aire d'autoroute, aux alentours de Tournus. Nous devons rejoindre la Lorraine pour nous installer avec les Missionnaires de l'amour de Jésus. Le 17 mai, Mgr Raffin, évêque de Metz, a officiellement reconnu et approuvé nos statuts après avoir consulté le président de la Conférence des évêques de France. Avant de prendre sa décision, il a aussi pris contact avec des évêques à l'étranger. En conseillant Mgr Raffin de manière positive, tous ces responsables de l'Église valident notre mission et reconnaissent la nécessité de s'engager sur la voie de l'évangélisation. Ils rassurent aussi tous ceux qui ont tendance à nous aborder avec la plus grande méfiance : cette Fraternité des missionnaires de l'amour de Jésus ne serait-elle pas l'une de ces innombrables sectes qui pullulent au sein de la société ? La rapidité de cette reconnaissance, plutôt inhabituelle dans le monde de l'Église, confirme l'urgence d'une telle entreprise. Une semaine plus tard, nous étions douze missionnaires de l'amour de Jésus — sans compter les enfants — à investir le bureau de Mgr Raffin pour nous présenter et faire sa connaissance : Blandine et moi, Pascale, la sœur de Blandine, et Bertrand, son mari ; Marc et Sophie, venus d'Alsace ; le père Jean-Christophe et le père Alexis ; Thibaut, Grégoire et Clotilde, tous trois postulants à la vie religieuse, ainsi que Charles, qui vient du Nord. Nos statuts stipulent que chacun d'entre nous s'engage dans la fraternité pour une durée de trois ans, ce qui implique naturellement une vie de prière et plusieurs retraites collectives au cours de l'année. Cette liberté, évidemment essentielle, ôte définitivement leurs soupçons à ceux qui nous suspectaient encore d'une dérive sectaire ! Chaque membre se voit remettre une lettre de mission par le modérateur de la communauté : dans la vie civile, on l'appellerait le responsable ou le directeur. Déjà, au sein même de sa famille, chacun doit remplir sa vocation. En clair, pour Blandine et moi, nous devons être des époux aimants et des parents dignes qui élèvent leurs enfants dans la foi. Il nous faut aussi aller porter l'Évangile, comme nous y invite la promesse de notre baptême. La prière en elle-même est aussi une mission pour les membres de la fraternité qui ne peuvent assurer une fonction sur le terrain. De même, il est tout à fait possible d'appartenir aux Missionnaires de l'amour de Jésus sans vivre à la cité Marcel-Van. Pour notre part, nous avons fait le choix de partager la vie de la communauté tout en préservant notre intimité familiale. Encore fallait-il dénicher une maison qui puisse nous accueillir. Et c'est bien cette maison qui nous fait nous ronger les sangs, en cette matinée d'août, sur cette fameuse autoroute… Après de nombreuses recherches, nous avions trouvé une grande bâtisse où nous devions emménager ce 27 août 2001. Les autres membres de la fraternité devaient nous rejoindre avec armes et bagages. Leurs valises étaient déjà bouclées. Or, au moment de recevoir les clés, le père Jean-Christophe apprend que la religieuse responsable de cette maison diocésaine a changé d'avis : elle ne souhaite plus que nous assurions la transition avant son départ un an plus tard et ne veut plus travailler avec nous. A-t-elle eu peur de notre jeunesse et de notre inexpérience ?

Qu'allons-nous devenir, sans salaire, sans logement ? Comment justifier auprès de nos enfants que l'absence de toit peut les empêcher de faire leur rentrée scolaire deux jours plus tard, comme prévu ? Avec Blandine, nous sommes au bord des larmes. Comment annoncer à Jérémy, Quentin, Charlotte et Côme que nous allons nous installer pour une semaine près de Metz chez Nicolas, le frère du père Jean-Christophe ? L'avenir s'entoure d'un voile opaque qui inquiéterait l'être le plus optimiste. Nous décidons de quitter le Beaujolais sans avertir notre famille de la difficulté de la situation. Quand sonne l'heure du pique-nique sur une aire de repos retentit aussi l'heure de vérité. « Les enfants, nous devons vous annoncer quelque chose. La maison dans laquelle nous devions vivre n'est plus libre. Nous nous installons chez Nicolas en attendant de trouver une autre solution. » Aujourd'hui encore, la réaction de nos enfants me laisse pantois et m'émerveille. Du haut de ses dix ans, Quentin nous administre une leçon de sagesse. « Enfin, s'exclame mon fils, nous allons vivre dans la confiance et dans l'abandon ! »

Les larmes me montent aux yeux, bientôt atténuées par le sourire que fait naître la remarque de Charlotte. Du langage d'enfant, dans le texte… « Ouais, c'est super ! exulte-t-elle, avec la spontanéité de ses sept ans. On ne va pas rentrer à l'école tout de suite ! » Qui a dit que les enfants avaient beaucoup à apprendre aux adultes ? Et si nous essayions de ne pas leur transmettre d'inutiles angoisses ? Ils vivent davantage dans la confiance de l'instant, dans l'immédiateté du quotidien, sans craindre les revers d'un avenir qu'ils savent imprévisible. Ils n'essaient pas de contrôler le cours des événements. Dieu sait qu'ils ont raison ! Voilà une journée que notre tribu a pris possession de la maison de Nicolas et, déjà, le vicaire général du diocèse de Metz prévient le père Jean-Christophe qu'une solution est en vue. Finalement, nous nous retrouvons dans le lieu qui avait été envisagé dans un premier temps avec l'évêque, avant qu'il souhaite que nous nous installions dans la maison diocésaine. Était-il possible de rêver meilleur endroit pour poursuivre l'aventure avec les Missionnaires de l'amour de Jésus ? Au cœur de la campagne lorraine, dans un vaste ensemble boisé, l'ancienne maison de vacances des séminaristes nous offre gratuitement son espace, sa cuisine équipée pour les collectivités et ses nombreuses chambres. Attenant au bâtiment principal, un corps de ferme abritera notre petite famille, protégeant notre intimité de la vie de la communauté. Sans oublier la chapelle, joliment plantée dans le parc…

Oui, il fallait vraiment écouter Quentin quand il nous invitait à adopter une attitude de confiance. Le déclic vient souvent quand nous croyons avoir atteint le summum de l'angoisse.

En ce début du mois de septembre, les caisses de l'OPFE demeurent toujours aussi désespérément vides. Il me faut retrouver l'énergie de mes débuts pour le grand torréfacteur parisien, quand je partais à l'assaut des montagnes avec des chaussures de plage. Je ne dois négliger aucun des contacts que l'on me fournit. Mary Ann, mon amie à l'accent américain, me met en relation avec un journaliste du *Figaro*. Exemple symbolique ! Trois mois plus tard, après quelques péripéties, je fais l'objet d'un grand article dans le quotidien national cher à Beaumarchais. Son titre ? « Mendiant de Dieu », accompagné d'une large photo qui me montre en gros plan, tout sourires ! Pour certains lecteurs de ma ville d'origine, la surprise a dû être de taille… Elle est comparable à celle que j'éprouve quand un chef d'entreprise m'appelle alors que je bats le pavé parisien, depuis le début de la semaine, à la recherche de dons. « Monsieur Mulsant, m'annonce mon interlocuteur, notre société va procéder à trois virements de vingt mille francs sur votre compte pour financer votre salaire. »

Dix minutes plus tard, la sonnerie du téléphone m'arrache à mes rêveries joyeuses. Une autre entreprise veut me donner cinq mille francs et son directeur me dit qu'il ajoute la même somme à titre personnel. En deux coups de fil, je viens de rassembler soixante-dix mille francs. Ces premiers gestes financiers confirment le bien-fondé de la mission de l'OFPE. Sans compter qu'un tragique événement planétaire renforce encore ma conviction profonde. Au cours de mon séjour parisien, j'ai enregistré trois émissions de cinq minutes destinées à être diffusées sur l'antenne de Radio Notre-Dame, la station fondée par le cardinal-archevêque de Paris. Le 10 septembre, ma première intervention est programmée sur l'antenne. Sans problèmes. Mais, le lendemain, l'Histoire bascule. À New York, deux avions kamikazes percutent les tours jumelles du World Trade Center. Le choc ébranle la planète tout entière. C'est un monde qui s'écroule, entraînant dans sa chute le système économique dominant. Les conséquences sur l'OFPE seront immédiates, j'en suis convaincu. Les entreprises ajourneront leurs opérations de mécénat. La sinistrose qu'engendrent les attentats affectera gravement les dons des particuliers. Quant à mes deux autres émissions sur Radio Notre-Dame, elles seront évidemment annulées en raison de l'actualité dramatique. Le 12 septembre, j'appelle une amie de Paris, qui s'était proposée d'enregistrer sur cassettes mes prestations. « Merci, lui-dis-je, de m'avoir rendu service durant deux jours. Parce que je pense que l'émission du 12… » Elle m'interrompt. « Détrompez-vous, Jérôme. Il s'est passé quelque chose d'incroyable. Aujourd'hui, Radio Notre-Dame a modifié l'ensemble de sa grille. À l'exception de votre émission… »

En réécoutant les propos que j'avais tenus à l'antenne, je comprends mieux la décision de la station. « Si le monde de l'entreprise ne s'investit pas dans la construction de la société, celle-ci va s'effondrer, avec les entreprises dans son sillage… » Or, que s'était-il passé la veille ? Ébahis, terrorisés, les téléspectateurs du monde entier avaient assisté à l'anéantissement des symboles du business et du capitalisme. À ma modeste mesure, j'adressais une sorte d'avertissement qui allait se révéler tristement prémonitoire. C'était aussi une façon de signifier que personne ne peut se détourner de la vie collective et de ses enjeux essentiels. Moi aussi, j'allais recevoir une sacrée leçon d'optimisme et de confiance en l'avenir. Alors que j'apportais ma voix au concert des affligés, pleurant la mort annoncée de l'OFPE, le 12 septembre marque au contraire une date décisive dans l'histoire de notre structure. Le patron d'un important laboratoire pharmaceutique lyonnais me fait savoir, par le directeur de la communication de la société, qu'il m'envoie un chèque important. Lui aussi veut apporter sa pierre à la construction de la société. Heureusement, il n'est pas le seul…

Artus et ses frères

Peu de temps après la parution de l'article dans *Le Figaro*, le 11 décembre 2001, je reçois une lettre. Un simple bristol sur lequel un chef d'entreprise m'écrit que mon histoire l'a beaucoup ému. Il me demande de lui envoyer une documentation et ajoute qu'il aimerait bien me rencontrer au cours de l'une de mes prochaines visites à Paris. Aussitôt, je lui réponds que je serai dans la capitale au début de la semaine suivante. Le mardi midi, nous faisons connaissance devant l'église de la Trinité. Pendant le déjeuner, il me raconte l'événement tragique qui est survenu six mois plus tôt dans son existence Artus, son fils de dix-neuf ans, est décédé dans un accident de la circulation. Je songe aussitôt à Christophe, mon frère. « Avec mon épouse, me dit-il, notre vie est bouleversée. Mais la foi nous porte, elle nous aide à traverser cette épreuve le mieux possible. Pendant la messe d'enterrement, nous avons eu l'impression que le Ciel s'ouvrait. Les copains d'Artus, étudiants comme lui, ont été profondément marqués par la joie profonde qui se dégageait de la cérémonie. Depuis, ils viennent souvent à la maison pour discuter avec nous et comprendre comment la foi qui nous anime nous permet de vivre malgré la mort de notre enfant. »

Cet homme m'apprend alors que les amis de son fils ont souhaité mettre en œuvre un projet à la mémoire d'Artus. Comme un symbole, ils veulent installer une porte vitrée à l'entrée de l'église de la Trinité. Pour que chacun puisse bénéficier de ce qui se déroule durant les offices et se rapproche du Christ, comme ils l'ont vécu durant les obsèques de leur ami. « Quand j'ai pris connaissance de l'existence de l'OFPE dans *Le Figaro*, j'ai pensé que votre démarche était similaire à celle des copains d'Artus. Eux aussi souhaitent solliciter les entreprises pour financer la porte vitrée de l'église de la Trinité. » Le père d'Artus vient de m'apporter la réponse à mes interrogations et à mes prières sur les méthodes de marketing que doit adopter l'OFPE. À ce moment-là, j'entrevois déjà mes propres limites : je sens bien que je suis incapable de répondre tout seul aux demandes de financement qui me parviennent. En trois mois, trente dossiers ont déjà atterri sur mon bureau ! L'évidence s'impose : il me faut des troupes pour contacter les entreprises. Surtout que je dispose désormais d'un outil extraordinaire, grâce au père d'une amie d'Artus : il s'agit d'un fichier recensant l'ensemble des entreprises françaises, classées par ville, par département, par nombre de salariés et par chiffre d'affaires. Une vraie mine à explorer ! Et qui mieux que des étudiants, avec la force de leurs convictions et de leur enthousiasme, peut entrer en contact avec le monde de l'entreprise ? Quand le dirigeant reçoit un étudiant d'une vingtaine d'années, il a bien souvent l'impression d'être interpellé par son propre enfant. Il peut difficilement rester de marbre face à un jeune qui a le courage de frapper à sa porte pour lui exposer sa foi et lui lancer une sorte de défi : « Aidez-moi à construire la société dont j'aurai la responsabilité dans le futur. » Au moment où il prend contact avec le chef d'entreprise, l'étudiant ne sollicite pas une embauche de sa part. Il lui demande de lui consacrer un moment pour qu'il puisse lui exposer un projet. Ce choc des générations est un excellent moyen de provoquer la rencontre. Pour n'importe quel étudiant, qu'il soit en médecine, en droit, en publicité ou en école de commerce, ces prospections sont extrêmement instructives. Il ne sait jamais au préalable quelle sera la réaction de son interlocuteur, à quel type de personnalité il sera confronté. Lorsque je présente l'OFPE à Beauvais, au cours de la Rencontre nationale des Chrétiens en grandes écoles, je mesure vite que ce projet peut rejoindre des étudiants en quête d'un travail qui étanche leur soif d'absolu et leur besoin d'espérance. Ils me confient leur étonnement : ils n'avaient jamais imaginé que certaines entreprises pouvaient affecter des fonds à des projets d'évangélisation. Le caractère atypique de notre démarche peut intéresser des jeunes en devenir !

Mon intuition se confirme quand Hélène manifeste le désir d'effectuer un stage d'un mois à mes côtés. Elle est étudiante dans une école de communication qui a pris contact avec moi après un article dans *Famille chrétienne.* Toujours le fameux effet boule de neige ! J'ébauche à son intention un concept de formation pour lui faire connaître l'univers de l'Église. Je lui fais lire de nombreux articles de presse, je l'emmène avec moi au salon Religio, un lieu étonnant où l'on peut voir tout ce que l'on commercialise dans le domaine de la religion. Des journaux catholiques aux encensoirs en passant par les vêtements liturgiques... Elle rencontre les membres de Glorious, un groupe catholique de pop-louange dont la tournée est soutenue par l'OFPE. Après cette nécessaire période d'immersion, je lui confie la mission de prospecter dans le milieu étudiant et de faire connaître notre action dans toutes les écoles supérieures de commerce de France. Efficace, Hélène leur envoie un dossier de présentation, accompagné d'une proposition de stage. Avec l'aide d'Éric, elle confectionne même un stand, bien utile pour les rassemblements d'étudiants auxquels je commence à être invité.

Nous l'inaugurons sur le campus de la prestigieuse HEC, à l'occasion d'un forum intitulé « Agir ensemble » : il réunit de nombreuses associations caritatives ou organismes humanitaires qui proposent des stages de formation aux étudiants soucieux de concilier leur vie professionnelle avec un engagement personnel, parfois spirituel. Parmi les étudiants qui s'arrêtent devant le stand, orné d'une immense croix de saint François d'Assise que personne ne peut manquer, je rencontre Mathilde. Visiblement, le slogan de l'OFPE l'impressionne fortement. « Une entreprise pour Dieu » au milieu des fleurons de l'économie française ! « Je n'aurais jamais imaginé voir ce titre dans un tel lieu », me confie-t-elle. En fin d'études en école supérieure de commerce à Reims, elle est en train d'achever la rédaction d'un mémoire sur les organisations non gouvernementales. Si elle est venue à ce forum, c'est justement pour parfaire son travail. Les paroles que j'échange avec Mathilde me font aussi comprendre que cette jeune fille de vingt et un ans, brillante et pleine d'énergie, a une vraie quête spirituelle à laquelle elle cherche à donner un espace. Comme elle a terminé ses études, elle ne peut pas venir en stage à l'OFPE. Mais je sens bien qu'elle symbolise tous ces jeunes qui ont envie de lier leur foi à leurs études. Grâce à Mathilde, j'entre en relation avec de nombreux étudiants auxquels je peux faire connaître notre projet.

La même semaine, je suis invité à animer un atelier au premier rassemblement des Chrétiens en grandes écoles de commerce, à l'EM Lyon (école de management de Lyon), là même où j'avais reçu ma formation aux techniques de vente avec IBM. Lors du déjeuner, qui réunit de nombreuses personnalités du monde de l'entreprise, je me retrouve par hasard à la table de Michel Albert. À côté de l'une des sommités de l'univers de la finance ! Membre du conseil politique monétaire de la Banque de France, il fut aussi le président des AGF. À ce titre, je fus l'un de ses employés, aux temps héroïques où je travaillais dans la compagnie à Auxerre, à mon entrée dans la vie active. Ce lien me permet d'engager la conversation avec mon illustre voisin. « Mais que faites-vous, depuis que vous avez quitté les AGF ? » me demande-t-il d'un air amusé. Me voilà donc en train d'expliquer à Michel Albert comment je recherche des fonds pour des projets d'évangélisation ! J'ai la nette impression de ne pas être à ma place. Pourtant, mes propos semblent l'intéresser. « Votre idée est fameuse ! s'exclame-t-il. Il faut que je parle de vous à Yvon Gattaz, l'ancien président du patronat français. »

Si l'on m'avait dit que je rêvais éveillé, je l'aurais cru volontiers… Pourtant, je réalise avec joie que Michel Albert n'est pas le seul à adhérer à notre projet. Peu à peu, me vient l'idée de proposer aux jeunes qui le désirent de se mettre au service de l'OFPE. Parrainés et guidés par un chef d'entreprise, ils seront « chargés de mission » pour Dieu. À leur intention, nous avons conçu sur une année un programme type, complété par une formation théorique à la faculté libre de philosophie de Paris. Au premier trimestre, l'objectif est d'étudier, à partir des fichiers existants et de la réalité du terrain, les ressources du diocèse afin de mettre au point la campagne d'appel de fonds. Il s'agit de leur permettre de connaître l'Église de l'intérieur, avec ses besoins et ses préoccupations, pour mieux se mettre à son service. C'est aussi une excellente manière de les préparer à faire face aux objections des chefs d'entreprise sur l'Église, son fonctionnement, ce qu'elle n'est pas et ce qu'elle devrait être… Pour nos étudiants, la tâche n'est pas aisée, surtout dans les premières semaines. Tout en s'installant dans une ville qui leur est étrangère, ils doivent s'attacher à faire connaître cette nouvelle race de missionnaires : les chargés de mission pour Dieu de l'OFPE ! Vaste programme ! Il leur faut aussi aller à la recherche de cinq chefs d'entreprise qui s'engageront à verser chacun mille cinq cents euros pour financer leur année. Au milieu de leur semaine de travail, ils consacrent une journée pour Dieu pour qu'Il ait toujours la première place dans leur mission. Cette journée est essentielle, car elle leur permet aussi d'aller à la rencontre de communautés ou de paroisses pour prier, se ressourcer et échanger. Une occasion supplémentaire d'unité…

Puis vient le temps de la prospection afin de trouver les moyens de financer le projet en question. Enfin, dans la dernière partie de l'année, l'étudiant prend en charge la formation et l'animation d'équipes de stagiaires, venus dans le cadre de la formule « Un trimestre pour Dieu ». Il s'agit d'un stage intensif de trois mois pour les jeunes qui ne peuvent consacrer un an à l'OFPE. Durant cette période, ils concentrent tous leurs efforts pour prospecter sur le territoire d'un diocèse en vue d'un projet bien précis. Nous avons bien besoin de forces vives pour répondre à toutes les demandes.

Réconcilié

La vitrine attire le regard des passants. Nombreux sont ceux qui s'arrêtent, partagés entre la stupeur et la curiosité. « Une entreprise pour Dieu ! » Au cœur du Quartier latin, haut lieu de la vie estudiantine parisienne, théâtre des révoltes de mai 1968, le message est plutôt inattendu… Pouvions-nous rêver meilleure exposition pour le siège parisien de l'OFPE ? Bien plus qu'un bureau, c'est une très jolie petite boutique à laquelle s'ajoute une pièce en sous-sol, équipée d'une petite cuisine et d'un coin prière. Convaincu par notre démarche, le secrétaire général adjoint de la Conférence des évêques de France, chargé des finances, nous a aidés à trouver ce local, idéalement situé, à deux pas du Collège de France. Nous l'avons inauguré au début de l'automne 2002. Depuis mes premières prospections, notre projet a pris un tel essor qu'il nous fallait impérativement un bureau dans la capitale. Car, désormais, je ne suis plus tout seul à œuvrer pour l'évangélisation. Si je demeure l'unique salarié de l'OFPE, plusieurs chargés de mission m'ont rejoint, à Metz, à Paris ou à Lyon. Parmi eux, Mathilde ! Dans un premier temps, elle avait souhaité travailler avec moi pendant un an afin de mûrir son projet spirituel. Mais, finalement, sa réflexion l'a conduite à se dire qu'elle était prête à entrer dans la vie religieuse, dans les Fraternités monastiques de Jérusalem. Ce qui ne l'empêche pas de vouloir travailler ! Ensemble, nous avons décidé qu'elle serait employée de l'OFPE à mi-temps mais qu'elle trouverait elle-même les sources de financement de son salaire. En clair, elle doit s'assurer le soutien pécuniaire de plusieurs chefs d'entreprise. Alors, elle les sollicite par un courrier dont la clarté et la franchise forcent mon admiration. « La demande de Jésus à ceux qui le suivent est explicite : il s'agit d'annoncer que le Royaume de Dieu est proche, leur écrit-elle. Mon travail à mi-temps au sein de l'OFPE est un moyen de répondre à cette urgence d'évangélisation, afin que jeunes et chefs d'entreprise retrouvent l'espérance et la force de porter leurs engagements. »

J'ai toujours souhaité que notre mission ne soit pas lourdement grevée par les frais de fonctionnement. D'ailleurs, nous prenons soin de demander aux chefs d'entreprise s'ils veulent soutenir un projet d'évangélisation ou s'ils préfèrent assumer une partie des charges qui nous incombent fatalement. Je savais en m'engageant dans cette aventure qu'elle serait forcément marquée par la précarité.

Souvent, je ne sais pas, à quelques jours de la fin du mois, s'il me sera possible de me verser un salaire. Mon apprentissage de la confiance se poursuit, parfois dans l'angoisse et la douleur. Pour me rassurer, je peux toujours regarder quelques statistiques. Elles disent que les entreprises nous apportent leur aide. Durant l'été 2002, nos cinq chargés de mission ont pris contact avec 1 054 chefs d'entreprise. Pendant les 81 rendez-vous obtenus, 90 % des chefs d'entreprise rencontrés se sont déclarés convaincus par l'action de l'OFPE et nous ont encouragés vivement à continuer notre action. 42 d'entre eux se sont engagés ou sont prêts à s'engager : 19 promesses de dons, 18 propositions d'aide, 5 dons immédiats.

Nous pouvons ajouter à ces résultats l'équivalent en dons en nature, en soutien et en apport par de multiples services et compétences professionnelles, ainsi qu'en nuits d'hébergement, en repas et en titres de transport offerts. Après la plaquette, le site Internet ou l'ordinateur portable des premiers jours, sont venus une imprimante laser, des fournitures de bureau et tout ce qui peut faciliter la vie de notre petite entreprise. Mais ce qui me donne encore davantage de cœur à l'ouvrage, c'est l'attente que suscite l'OFPE. De toute la France les projets d'évangélisation nous arrivent. Les premières sommes récoltées ont contribué à l'action d'une association qui travaille en direction des jeunes, dans la banlieue nord de Paris. Sans exclusive, la commission de l'OFPE qui vote les projets a choisi de soutenir des dossiers aussi divers qu'un festival de musique pour la jeunesse, un groupe de séminaristes musiciens qui forment des animateurs pour les messes du dimanche dans les paroisses, mais aussi une troupe qui donne un spectacle sur le roi David ou un réseau de radios chrétiennes qui veut implanter une antenne en Corrèze... Ce qui me réjouit tout autant, c'est le comportement de nos chargés de mission qui démarchent les entreprises avec tout l'enthousiasme de leur jeunesse. Sans se décourager, ils décrochent le téléphone pour tenter d'obtenir des rendez-vous, durant lesquels ils appliquent les techniques que nous leur enseignons. Je suis profondément heureux quand je vois que leur persévérance est récompensée par une promesse de don. Peu à peu, l'espérance gagne du terrain ! Mais il y a sûrement une raison encore plus personnelle qui fait résonner, en moi, leurs efforts d'un écho tout particulier. « J'étais tombé au fond du gouffre, m'a dit l'un des chargés de mission, en proie à une grave crise personnelle. La foi m'a redonné de l'espérance. » Il le redira quelques jours plus tard à l'occasion de la première rencontre à Paris des chargés de mission. Désormais, cet espoir pourra être partagé par un plus grand nombre de personnes puisque nous avons inscrit l'insertion et la réinsertion professionnelle au cœur de nos priorités. Pour les jeunes en quête d'une première expérience comme pour ceux qui ont connu des difficultés dans leur parcours, la recherche de fonds pour l'évangélisation peut offrir un emploi structurant et responsabilisant puisqu'il oblige à chercher soi-même le financement de son salaire. À travers l'OFPE, je peux exprimer ma foi. En Dieu, en les hommes, en l'avenir de la société.

Récemment, en rangeant quelques souvenirs d'enfance, j'ai retrouvé un poème que j'avais composé à l'époque où ma vision du monde et des rapports avec les autres se teintait de noir. Expression d'une souffrance tout autant que d'un espoir…

Le morbidon

Dessins lugubres, essais d'amertume.
Apparence de noir et de blanc,
Tu n'es qu'un enfant cachant éclats et passions.
Illusions d'une gloire précoce,
La mort n'aime pas les mort-gosses.
Le noir n'est pas l'espoir,
La nuit n'est pas d'aujourd'hui.
Rouge, jaune, vert,
Ce qu'il faut faire.
Le jour n'est pas fini,
Regarde ta vie.
Homme ou fille fragile,
Épanouis-toi dans du solide.
L'idéal dudit imbécile

Est tout à fait possible.
Le poids d'une tradition
Pèse sur les idées du jeune garçon.
Ta vie « a » et « est » une raison,
Ta mort n'est que déception.

Composé pour vous et moi,
Le 3/10/1983.

« Épanouis-toi dans du solide », écrivais-je dans les tourments de mes dix-sept ans. Je sais aujourd'hui que la solidité ne réside pas dans l'ambition professionnelle à tout prix, au motif qu'elle assure une réussite matérielle très prisée au regard des autres. Je n'ai pas rejeté le milieu bourgeois qui m'a vu naître. Simplement, je crois que les codes sociaux emprisonnent les gens dans certains comportements qui empêchent d'aller vraiment à la rencontre des autres et de tenter de les comprendre et de les aimer. Ils rendent beaucoup plus difficile la communication tant elle est lestée du poids des préjugés et de la crainte de s'exprimer en confiance. Si mon enfance m'a fait souffrir de ce point de vue, je n'en suis pas resté à ce constat qui m'aurait enfermé dans un ressentiment néfaste. J'ai aussi compris que c'est la souffrance de mon père, consécutive au suicide de mon frère Christophe, qui le cloisonnait en lui-même, le privant de moments de partage et d'affection qu'il souhaitait sûrement dans le secret de son cœur. Dans les dernières années de sa vie, papa a souffert d'insuffisance respiratoire chronique due à l'excès de tabac. J'ai pu m'autoriser à son égard des gestes de tendresse et de complicité qui m'ont fait chaud au cœur. En même temps, j'étais triste de le voir diminué, lui qui est toujours resté à mes yeux un exceptionnel modèle de courage et de droiture. Me viendrait-il à l'idée de nier que je lui ressemble ? En positif comme en négatif. Cette envie de vivre, qui est profondément ancrée en moi, il l'a exprimée en s'opposant à la culture de mort et de barbarie. Il a rejoint le général de Gaulle en Angleterre en juin 1940 et a intégré les Forces françaises libres. Moi, je m'épanouis en rendant (un peu) à Dieu ce qu'Il m'a donné. Blandine, mon amour de tous les instants ; Jérémy, Quentin, Charlotte et Côme, nos enfants ; l'OFPE et toutes les rencontres extraordinaires qu'elle suscite ; les Missionnaires de l'amour de Jésus : vingt personnes sont aujourd'hui engagées dans la Fraternité et la cité Marcel-Van est désormais installée au bord de la Moselle, dans la maison d'origine des sœurs de Saintes-Chrétiennes, une congrégation religieuse fondée par Anne de Méjanes. Avec Blandine et les enfants, nous vivons en face, dans l'ancien presbytère du village. Cette nouvelle existence est riche d'expériences inédites pour nous, avec leur lot habituel de joies et de tensions. Je ne suis pas à l'abri de ces montées d'angoisse qui rendent le quotidien plus pénible pour mon entourage, tout comme mon tempérament impulsif reprend parfois le dessus, en particulier dans la vie de famille. S'il faut me répéter, j'insiste sur le fait que ma « conversion » spirituelle ne m'a pas transformé en saint. Mais ce chemin, qu'accompagnent toujours la simplicité et la sérénité tranquille de Marcel Van, m'a conduit sur la voie de l'unité intérieure. C'est uniquement grâce à Dieu que j'ai réconcilié les différents aspects de ma personnalité. Et je n'ai qu'un souhait : que se réduise encore l'écart entre mes actes et mes discours ! Juste avant que papa soit malade, avec beaucoup d'émotion, j'ai eu l'occasion de le prendre à part dans le salon et face à lui, de lui demander pardon pour toutes les épreuves, les maladresses et les agressions que je lui ai fait subir durant mon adolescence. Il m'a pris dans ses bras…

Remerciements

La totalité de mes droits d'auteur sont reversés pour le financement des projets d'évangélisation soutenus par l'OFPE.

Ce livre est pour moi l'occasion de remercier à nouveau tous ceux qui nous soutiennent et qui s'investissent personnellement dans la mission de l'OFPE pour rendre l'Espérance à ceux qui en ont le plus besoin.

Table

Impression réalisée sur CAMERON par

BUSSIÈRE CAMEDAN IMPRIMERIES

GROUPE CPI

à Saint-Amand-Montrond (Cher)
en février 2003

N° d'édition : 871. N° d'impression : 030638/1.
Dépôt légal : février 2003.

Imprimé en France